I0074339

UNIVERSITÉ D'AIX - MARSEILLE

FACULTÉ DE DROIT

DES ASSEMBLÉES GÉNÉRALES

D'ACTIONNAIRES

THÈSE POUR LE DOCTORAT

PRÉSENTÉE PAR

HENRI JACQUIER

Avocat au Barreau de Marseille

MARSEILLE

IMPRIMERIE ET STÉRÉOTYPIE SAMAT ET Cie

Quai du Canal. 15

1899

DES ASSEMBLÉES GÉNÉRALES

D'ACTIONNAIRES

8° F
12814

UNIVERSITÉ D'AIX - MARSEILLE

FACULTÉ DE DROIT

DES ASSEMBLÉES GÉNÉRALES

D'ACTIONNAIRES

DON.
N.º 92618

THÈSE POUR LE DOCTORAT

PRÉSENTÉE PAR

HENRI JACQUIER

Avocat au Barreau de Marseille

MARSEILLE

IMPRIMERIE ET STÉRÉOTYPIE SAMAT ET Cⁱᵉ

Quai du Canal, 15

1899

BIBLIOGRAPHIE

BOUVIER-BANGILLON. — Loi du 1er août 1893. Commentaire théorique
   et pratique.

GÉNEVOIS H. — Le nouveau régime des Sociétés.

HOUPIN. — Traité général théorique et pratique des Sociétés civiles
   et commerciales.

LYON-CAEN ET RENAULT. — Traité de droit commercial.

LYON-CAEN ET RENAULT. — Commentaire de la loi du 1er août 1893,
   sur les Sociétés par actions.

PONT. — Commentaire des Sociétés civiles et commerciales.

RUBEN DE COUDER. — Dictionnaire de droit commercial.

VAVASSEUR A. — Traité des Sociétés civiles et commerciales.

   —   Commentaire de la loi de 1893.

THALLER. — Note sous Cass. 30 mai 1892. D. P. 93. 1. 105.

WAHL. — Traité des Sociétés civiles et commerciales.

   —   Etude sur l'augmentation du capital dans les Sociétés
        anonymes et en commandite.

RECUEILS GÉNÉRAUX

DALLOZ. — Répertoire méthodique, supplément.

   —   Recueil périodique.

        Journal des Sociétés.

        Pandectes Françaises.

        Revue des Sociétés.

        Journal des Tribunaux de commerce.

SIREY. — Recueil périodique.

AVANT-PROPOS

Depuis quelques années le nombre des Sociétés s'est accru d'une manière considérable ; nous n'examinerons pas ici les causes multiples de cet accroissement qui tiennent à de nombreuses considérations, dont l'étude serait peut-être très intéressante, mais à coup sûr très longue. Qu'il nous suffise de constater cet engouement à l'égard des Sociétés, d'où qu'il vienne, pour justifier une étude concernant ces dernières. Certes celle que nous présentons aujourd'hui est bien modeste et ne porte que sur un point spécial des Sociétés par actions. Telle qu'elle est cependant, elle pourra avoir son utilité ; car nous nous y sommes efforcés à étudier les assemblées d'actionnaires au point de vue pratique, mentionnant avec beaucoup de soin les arrêts les plus récents et indiquant dans chacune des controverses que nous avons présentées, outre la jurisprudence, l'opinion des principaux auteurs.

Pour n'être qu'une partie d'une étude sur les Sociétés,

celle que nous présentons ici n'en est pas moins importante
au moins par le sujet qu'elle traite. Les assemblées d'actionnaires sont en effet un des principaux rouages des Sociétés
par actions. C'est ce qui a pu faire dire [1] au savant pro-
fesseur, M. Bouvier-Bangillon, qui a bien voulu nous diriger
dans ce travail :

« La Société par actions, personne morale, a des organes
essentiels à fonctionnement déterminé, sans lesquels elle ne
se conçoit pas. La commandite par actions nous présente le
ou les gérants, le conseil de surveillance et l'assemblée générale des actionnaires. La Société anonyme le ou les administrateurs, le ou les commissaires de surveillance, l'assemblée
générale des actionnaires. Le pacte social sous peine de ne
rien produire, sous peine de nullité de la Société, ne peut
refuser à cette Société ces éléments, ces organes essentiels. »

Les Sociétés par actions ont deux éléments essentiels sans
lesquels elles ne pourraient fonctionner, deux éléments qu'on
pourrait appeler en songeant à notre régime politique actuel,
le pouvoir exécutif et le pouvoir délibérant. Mais celui des
deux qui a et doit avoir la prépondérance sur l'autre est
incontestablement l'assemblée des actionnaires.[2]

Les directeurs, gérants, commissaires tiennent leurs pou-

(1) Note sous Cas. Pand. 94-1-433.
(2) Thaller D. P. 93-1-105.

voirs de l'assemblée, ils doivent lui rendre des comptes, et peuvent être révoqués par elle ; ils ne sont en somme que ses mandataires.

L'assemblée des actionnaires est donc l'organe principal de la Société, elle est le porte-voix de la personnalité INTERNE [1] des Sociétés par actions, qui s'oppose à chaque actionnaire pris individuellement.

L'assemblée des actionnaires n'est pas comme on pourrait le croire « une totalisation d'associés réglant directement entre eux dans une indépendance individuelle plus ou moins diminuée par le contrat de Société, les intérêts collectifs qui les concernent. En sorte que la volonté exprimée par une assemblée ne serait pas autre chose qu'une somme de volontés particulières concordant sur un point déterminé. »

Elle est plus que cela, elle représente l'être social, qui a un but déterminé, et des besoins propres, ce qui explique pourquoi les décisions prises à la majorité peuvent être imposées à la minorité. « Elle forme, comme le dit M. Thaller, et cela au regard des actionnaires pris séparément, le pouvoir délibérant de cette synthèse de pensées convergentes, elle constitue l'âme même de la personne morale réglant les intérêts de la collectivité, ou si l'on préfère l'instrument de la volonté supérieure de la compagnie. »

(1) Thaller D.-P. 93-1-105.

L'assemblée des actionnaires joue un rôle considérable, elle surveille l'accomplissement des formalités préliminaires de la Société, approuve les statuts, vérifie les apports et les avantages particuliers, nomme ou approuve le premier personnel administratif.

En cours de Société, elle reçoit les comptes des administrateurs ou gérants, nomme ou révoque le personnel administratif, fixe les dividendes.

Elle s'occupe enfin lorsque les circonstances en amènent la nécessité de modifier les statuts, de dissoudre, ou de proroger la Société.

Ces différentes attributions ont amené tout naturellement une distinction parmi les assemblées des actionnaires. On les a appelées constitutives, ordinaires ou extraordinaires, suivant qu'elles s'occupent de la constitution de la Société, des affaires courantes, ou des questions importantes.

A vrai dire cette classification est purement arbitraire, elle peut être commode pour la facilité du langage, elle peut se référer plus ou moins à des situations diverses au point de vue de la composition des assemblées, ou de la majorité exigée pour les délibérations, l'assemblée des actionnaires reste unique, toujours elle-même.

Pour la clarté de notre étude nous l'avons divisée en trois chapitres.

Dans le premier nous nous occupons de l'assemblée en elle-même ; nous indiquons de quels éléments elle est composée.

Dans un deuxième chapitre nous étudions le fonctionnement de l'assemblée, comment elle est convoquée, comment elle délibère.

Enfin dans un troisième chapitre nous nous occupons des pouvoirs de l'assemblée dans les différentes circonstances de la vie sociale.

CHAPITRE PREMIER

COMPOSITION DES ASSEMBLÉES

Article I. — De l'Admission des Actionnaires dans les Assemblées Générales

L'expression assemblée générale éveille aussitôt l'idée d'une assemblée qui réunit tous les actionnaires ou du moins à laquelle peuvent assister tous les actionnaires. Au point de vue de l'égalité absolue, il est évident que le principe devrait être celui de l'admission de tous les actionnaires aux assemblées, même de ceux qui ne possèdent qu'une action.

Les actionnaires sont, en effet, au regard de la Société comme des propriétaires indivis qui ont à prendre une décision relative à l'objet commun, ils devraient avoir un droit égal et, dans cet ordre d'idées, il faudrait même aller jusqu'à accorder à chacun un droit égal dans les votes, c'est-à-dire l'attribution d'une voix unique quel que fût le nombre d'actions qu'il possédât.

Ces principes ne sont cependant pas ceux qui ont été admis par la loi du 24 juillet 1867 sur les Sociétés qui, dans son article 27 relatif aux Sociétés anonymes, permet formellement aux statuts de ces Sociétés de n'accorder le droit d'assister aux assemblées qu'aux actionnaires ayant un certain nombre d'actions, et de donner à ces actionnaires un nombre de voix proportionnel au nombre de titres qu'ils possèdent, et cela sans limitation pour les assemblées autres que celles qui ont à vérifier les apports et la déclaration des fondateurs et à nommer les premiers administrateurs (1).

Lorsque les statuts d'une Société admettent une pareille restriction, nous nous trouvons donc certainement en présence d'une prétention légale; mais est-elle justifiable?

En fait, dit-on, il serait impossible de trouver des lieux de réunion suffisamment grands pour contenir les très nombreux actionnaires d'une puissante Société ; d'autre part, on connaît la stérilité des débats d'une assemblée trop nombreuse, les discussions vaines qui s'y agitent, les clans, les partis qui s'y forment. Au surplus, il faut bien supposer que les actionnaires ont eu la précaution de s'enquérir des clauses des statuts, qu'ils connaissaient le chiffre minimum des titres exigé pour leur donner l'entrée de l'assemblée ; on ne peut donc les admettre par la suite à se plaindre, s'ils ne possèdent pas ce chiffre, de ce qu'ils ne sont pas admis à participer aux délibérations. Nous verrons bientôt quelles sont les modifications qu'a apportées la loi du 1er août 1893 à l'admission des actionnaires dans les assemblées.

---

(1) Dans plusieurs pays tout actionnaire, n'eût-il qu'une action, a le droit de participer aux assemblées, nonobstant toute stipulation contraire. V. not. C. allemand art. 190 et 221 - italien art 164 - C. féd. suisse art. 640. Lyon-Caen et Renault p. 356.

Le législateur de 1867 a cependant établi quelques restrictions aux pouvoirs des statuts en cette matière.

C'est d'abord pour les assemblées constitutives pour lesquelles il prescrit l'admission de tout actionnaire (1) et limite à dix, dans les Sociétés anonymes, le nombre de voix dont peuvent disposer les votants nonobstant toute disposition contraire des statuts. A cela deux raisons : la première, c'est que dans une assemblée qui a lieu avant la constitution définitive de la Société on ne saurait encore appliquer les différentes clauses des statuts ; la seconde, c'est qu'il importait que dans les assemblées constitutives les petits actionnaires ne fussent pas à la merci des gros souscripteurs ; il s'agit à ce moment de former le pacte social et il est de toute nécessité que tous viennent sous-crire à ce contrat. Libre à eux d'accepter des restrictions à leurs droits pour les assemblées postérieures ; mais il faut avant tout qu'ils sachent bien à quoi ils vont s'engager et qu'ils aient pu émettre leurs idées.

D'autres restrictions aux pouvoirs des statuts sont apportées par la loi. Nous verrons dans le cours de nos études sur les différentes assemblées, que la loi prescrit la réunion de *tous* les actionnaires quand il s'agit de discuter la dissolution en cas de perte des trois quarts du capital (art. 37 des Soc. an.), que parfois aussi le législateur exige pour la validité des délibérations la représentation au moment du vote d'un minimum de capital. Par exemple un quart du capital social dans les assemblées ordinaires

---

(1) Houpin 415, Lyon-Caen et Renault, n° 710.

des Sociétés anonymes (art. 29) ou encore la moitié du capital dans les assemblées extraordinaires de ces mêmes Sociétés. (Art. 31).

Inconvénients des exigences des statuts relatives à l'obligation imposée à l'actionnaire pour être admis à l'assemblée, de posséder un certain nombre de titres.

Sous l'empire de la loi de 1867 permettant aux statuts de refuser l'entrée de l'assemblée à tout actionnaire n'ayant pas tel chiffre de titres, il pouvait arriver que, ces titres étant disséminés entre de nombreux porteurs, il fut désormais impossible de réunir un nombre d'actionnaires possédant le nombre de titres voulu, pour représenter la portion du capital exigée par la loi dans certaines assemblées. Au cas où la décision à prendre était absolument nécessaire, fallait-il pour respecter le quorum exigé par la loi enfreindre la clause des statuts imposant à l'actionnaire qui voulait figurer à l'assemblée, la possession d'un certain nombre de titres ? Cela était-il possible ?

Les statuts prévoyant le plus souvent cette hypothèse déclaraient qu'en cas d'insuffisance des actionnaires ayant le droit d'assister à l'assemblée, on devait appeler les actionnaires possédant le nombre d'actions immédiatement inférieur à celui exigé. Cette stipulation était si licite que la Cour de cassation a estimé que l'assemblée était régulière, qui avait admis des porteurs d'un nombre d'actions moindre que celui prévu par les statuts, alors qu'il était bien constaté que l'assemblée n'aurait pu pren-

dre une décision valable sans cette adjonction. Il s'agissait (1) en l'espèce de remplacer un directeur et les statuts
exigeaient la présence de la moitié au moins du capital.
Cette décision est fort légitime, et elle a été fort bien
justifiée et commentée par une note très substantielle qui
se trouve dans les Pandectes françaises sous l'arrêt
précité.

Les Sociétés ont des organes essentiels sans lesquels
elles ne pourraient exister, parmi ces organes sont sans
contredit les assemblées d'actionnaires. D'autre part, il est
incontestable que les statuts sociaux peuvent déterminer
le nombre d'actions exigé pour assister à ces assemblées,
à condition de ne pas violer certaines règles impératives
de notre législateur, ou le droit de tout actionnaire, ne fût-
il nanti que d'un titre, d'assister à certaines assemblées
générales. (Les assemblées constitutives de toute Société
par action, et même pour certains auteurs (2), les assemblées générales extraordinaires dans les Sociétés anonymes) où le quorum fixé pour la validité de certaines
assemblées (assemblées constitutives dans les Sociétés en
commandite par actions, et toutes les assemblées dans les
Sociétés anonymes).

Il peut donc se faire que, les actions étant très dissé-
minées, l'assemblée ne puisse plus prendre de décisions
légalement valables, parce que le quorum ne peut plus être
atteint. Mais la marche de la Société exige que ce rouage

(1) Cas. Civ. 5 juillet 1893. — D. P. 94-1-41. — Rev. des soc. 93 p. 437. Pand.
Fr. 94-1-433, v. note de M. Bouvier-Bangillon.
(2) Lyon-Caen et Renault II n° 863.

2

essentiel ne s'arrête pas. La dispersion, peut-être momen-
tanée des titres, fait qu'on ne trouve pas assez d'actionnaires pour constituer la portion du capital voulu par la
loi, ou les statuts pour la validité des délibérations. La
loi est impérative, on ne peut la transgresser. Il faut donc
ou ne plus tenir d'assemblée ou prendre des décisions
nulles. Mais l'assemblée est nécessaire à la vie de la
Société, il faut la tenir.

Quand le quorum à respecter est fixé par la loi, on ne
peut raisonnablement dire que c'est aller à l'encontre de
la véritable intention des statuts que d'abaisser le chiffre
du nombre d'actions qu'ils exigent. Les rédacteurs des
statuts n'ont certainement pas voulu que, par suite d'une
des clauses qu'ils y inséraient, la Société fût frappée de
mort. Et admettre à l'assemblée les actionnaires qui n'ont
pas le nombre de titres voulu, c'est éviter une éventualité
fâcheuse, en écartant un obstacle absolu qui s'oppose
momentanément à la tenue de l'assemblée.

Que décider au cas où ce sont les statuts qui fixent le
quorum ? Nous sommes ici en présence de deux règles
des statuts ? Les règles ayant même origine ont ici le
même poids. Des deux règles, laquelle subsistera ?
Laquelle s'inclinera devant l'autre ? Ou encore, et c'est
toujours ce qu'il faut considérer, laquelle a été voulue plus
particulièrement par les rédacteurs des statuts ?

La disposition des statuts relative au quorum est certainement celle qui doit dominer, elle s'inspire de l'intérêt
général en fixant un quorum, les statuts indiquent bien la
volonté que des décisions importantes qui intéressent tous

les associés ne soient pas prises par une portion trop minime du capital social. La clause qui fixe le nombre des actions que doivent posséder ceux qui participent à l'assemblée est, peut-on dire, secondaire. Elle a quelquefois pour but d'assurer la prépondérance aux gros actionnaires, intérêt individuel qui doit céder le pas à l'intérêt général, quelquefois aussi elle a un but plus matériel, celui d'éviter un trop grand nombre de participants à l'assemblée.

Si ces arguments ne suffisaient pas à démontrer notre théorie, nous en trouverions aussi dans la loi elle-même. La loi fixe pour certaines assemblées un quorum, jamais elle ne s'occupe de restreindre le droit d'entrée aux assemblées, en écartant ceux qui ne possèdent pas un nombre déterminé de titres. N'y a-t-il pas là l'indication certaine qu'il faut observer davantage la première règle que la seconde? Il n'y a même pas à distinguer entre les différentes assemblées, ou les décisions qu'elles ont à prendre, pour déroger tantôt à une règle, tantôt à l'autre, tantôt encore à mettre en suspens la décision à prendre si elle n'est pas absolument urgente.

L'inconvénient que nous venons de signaler, à savoir l'impossibilité de former le quorum légal ou statutaire, par suite de la dissémination des titres, se présentera désormais assez rarement (1) grâce à l'heureuse disposition de l'article 4 de la loi du 1er août 1893 qui dit : « Tous propriétaires d'un nombre d'actions inférieur à celui déterminé pour être admis dans l'assemblée, pourront se réunir pour

(1) Nous verrons plus loin que cet inconvénient peut encore se présenter dans les Sociétés antérieures à 1893.

former le nombre nécessaire et se faire représenter par
l'un d'eux » (1).

Le petit actionnaire ne sera plus ainsi mis brutalement
à la porte de l'assemblée ; l'article 4 précité la lui entre-
bâille et s'il arrive avec un autre ou d'autres petits actionnaires à réunir le nombre d'actions exigé par les statuts,
il pourra, lui aussi, participer aux délibérations, tout au
moins y faire apporter ses idées. Cette disposition de la
la loi est une transaction ingénieuse entre le système des
partisans de l'omnipotence absolue des statuts et le système
du suffrage universel des actionnaires. Est-il nécessaire
d'indiquer que cette disposition de la loi est d'ordre public
et que les statuts n'y sauraient déroger de quelque manière
que ce soit ? Libre à eux de fixer le nombre d'actions exigées pour prendre place à l'assemblée, dès l'instant qu'un
groupe d'actionnaires se présentera avec le nombre fixé de
titres, il aura le droit absolu et intangible de se faire
représenter aux délibérations (2).

Toute loi n'est pas parfaite, surtout de nos jours, et
souvent elle laisse place à des questions plus ou moins
nombreuses que doivent résoudre les commentateurs à
l'aide de la pensée qui a pu diriger le législateur. Notre
article 4 a donné lieu à quelques controverses, qu'il nous
faut aussitôt indiquer.

(1) V. Rapport de M. Clausel de Coussergues à la Chambre des députés. M. Bouvier-
Bangillon p. 112.

Le Code de com. portugais (art. 183 s. q.) admettait le groupement des actionnaires
avant 1893.

(2) Sic MM. Lyon-Caen et Renault appendice au T. II, n° 42. M. Bouvier-Bangillon
raité p. 112. Genevois p. 141.

1ʳᵉ Question. — **Et d'abord faut-il appliquer l'innova-tion qu'il contient aux Sociétés en commandite par actions ?** — D'honorables auteurs (1) optent pour la néga-tive. Ils regrettent que le groupement des petits action-naires n'ait pas été admis dans les Sociétés en commandite, ne modifie que l'article 27 de la loi de 1867 qui se trouve dans un titre spécial aux Sociétés anonymes. Cet argument est, certes, d'un grand poids, à première vue ; mais avant de l'adopter il importe d'examiner au juste ce qu'il peut valoir. Et d'abord rien dans le rapport de M. Clausel de Coussergues ne fait prévoir qu'il faut exclure de cette disposition bienveillante les petits actionnaires des Sociétés en commandite.

En réalité, pour savoir quelle était l'intention exacte du législateur, il faut remonter, comme nous l'indique le rapporteur de la loi de 1893 lui-même, jusqu'au projet de loi qu'avait présenté M. Graux, et qui avait trait aussi bien aux Sociétés anonymes qu'aux Sociétés en commandite, et connaître la méthode qu'employait ce dernier dans son travail de législation. M. Graux procédait par voie de référence à la loi de 1867 et s'appliquait uniquement à compléter les articles de cette loi. Le législateur de 1893 a suivi son exemple, et il a été victime de cette façon de procéder. Par une singularité inexplicable le législateur de 1867 qui a indiqué avec soin, pour les Sociétés ano-nymes, le mode de délibération des assemblées d'action-naires, n'a rien fait de semblable pour les commandites,

---

(1) MM. Lyon-Caen et Renault, app. T. II n, 43.

sauf en ce qui concerne l'assemblée constitutive (art. 4).
Or cet article 4 admettant tous les actionnaires à l'assemblée dont il s'occupe, ne pouvait être l'objet d'une
modification de la loi de 1893. Il n'y avait plus qu'un
texte dans lequel on pouvait intercarler la disposition
nouvelle, c'était l'article 27 (1).

Nous croyons que limiter à la Société anonyme cette
disposition bienveillante c'est aller à l'encontre de l'intention certaine du législateur, qui a tout au plus employé
une façon maladroite d'exprimer sa pensée.

**2ᵉ Question. — La disposition nouvelle de l'article 27
s'applique-t-elle aux Sociétés antérieures de la loi de
1893 ?** — Il y aurait peut-être de bonnes raisons de principe
pour admettre la rétroactivité (2). Le législateur, frappé
des abus qui se produisaient par suite de l'omnipotence
qu'avaient dans l'administration des Sociétés les gros
actionnaires et de l'exclusion des petits porteurs, qui
cependant constituent le plus souvent une force imposante,
a voulu apporter un remède immédiat et décidé que
désormais, aussi bien dans les Sociétés antérieures que
dans celles à venir, le groupement pouvait avoir lieu. Voilà,
en effet, une excellente idée, et si le législateur l'a eu, il a
eu le grand tort de ne point l'exprimer, car une disposition

(1) Sic. M. Bouvier-Bangillon, traité comment. p. 119. contra Vavasseur n° 898 infine-
Houpin p. 555.

(2) Sic. Vavasseur, n° 898. M. Vavasseur croit ainsisatisfaire l'intention du législateur,
qu'il a cru découvrir dans la proposition de M. Georges Graux (Ch. des dép. 1891.
Annexes n° 1765) et à laquelle il renvoie.

M. Lacour sous arrêt de la Cour de Paris D. P. 98-2-153 déclare qu'il s'agit en
l'espèce d'une disposition d'ordre public, que les statuts ne peuvent transgresser (ce que
nous ne contestons pas) et par suite rétroactive (ce qu'ils ne démontrent pas).

qui vient déranger l'accord librement consenti des parties qui ont traité sous l'empire d'une autre loi, doit être aussi explicite que possible quand elle a des conséquences aussi graves, et elle ne l'est pas. Au surplus, quand le législateur de 1893 veut qu'une disposition soit rétroactive il le dit, et ici nous le répétons, il ne l'a pas fait.

Aussi en doctrine (1) on s'entend en général pour refuser toute rétroactivité à la disposition qui nous occupe. Et c'est aussi l'opinion d'un arrêt de la Cour de Paris (2) qui a reformé un jugement du Tribunal de commerce de la Seine. Dans une note sous cet arrêt on a essayé de combattre sa théorie en soutenant d'abord que l'article 2 du Code civil n'avait pas une portée absolue, et en disant ensuite que « l'intention du législateur de 1867 n'a jamais été de réserver exclusivement la direction de la Société à une oligarchie de gros actionnaires, de créer en leur faveur un privilège inaccessible à ceux qui ne possèdent qu'un nombre inférieur d'actions. C'est donc en vain que les premiers invoquaient un prétendu droit de délibérer entre eux seuls qui leur aurait été accordé par la loi de 1867 ».

Sur la portée de l'article 2 du Code civil nous ne discuterons pas avec l'auteur de la note, car cet article qui est ainsi conçu : « La loi ne dispose que pour l'avenir ; elle n'a point d'effet rétroactif », nous fournirait plutôt une nouvelle arme, si besoin était. Quant au second argument qu'il emploie, et qui doit être celui sur lequel il compte le

---

(1) Cour Paris 19 fév. 1897. D. P. 1898, 2, 153. Note.
(2) M. Bouvier-Bangillon, p. 122. Houpin traité n° 761. Lyon-Caen, R. S. 1894, 333.

plus, nous lui répondrons que nous sommes parfaitement de son avis relativement aux intentions du législateur de 1867. Jamais il ne nous est venu à l'esprit qu'il ait voulu réserver la direction de la Société à une « oligarchie de gros actionnaires », ce que nous avons dit et ce que nous répétons, c'est que sous l'empire de la loi de 1867 il était possible à des personnes s'associant de décider comme elles l'entendaient les conditions d'admission aux assemblées qui devaient avoir lieu. Ces personnes ont pris librement telles et telles décisions, notamment subordonné le droit de participer aux assemblées à la possession d'un nombre déterminé d'actions. Désormais ces conventions librement consenties font la loi entre les parties qu'elles lient, qu'elles lient valablement puisqu'elles étaient admises par la loi au moment où elles ont été contractées. Aucune loi humaine, si ce n'est une loi d'exception, voulue dans ce seul but, ne saurait les anéantir.

Remarquons du reste que l'application immédiate de l'article 4 aux Sociétés antérieures à la loi de 1893 sera d'autant moins nécessaire aux petits actionnaires, que cette loi a laissé à ces Sociétés la faculté de mettre au porteur les actions non encore libérées entièrement.

Rien ne sera plus facile aux petits actionnaires que de se grouper en mettant en commun leurs titres, et arriver ainsi au même résultat.

Signalons en terminant cette question que la faculté de se grouper accordée par la loi aux petits actionnaires se trouvera singulièrement facilitée par l'article 35 de la loi de

1867 qui permet à tout actionnaire, quinze jours au moins avant la réunion, de prendre connaissance de la liste des actionnaires au siège social.

3ᵉ Question. — Qui peut représenter le groupe des petits Actionnaires ? — Cette question serait peut-être mieux à sa place dans notre section III (infra). Nous avons préféré en parler ici, car elle fait un tout avec les questions qui se posent à propos de la modification apportée à l'article 27 de la loi de 1867 par l'article 4 de la loi du 1ᵉʳ août 1893. — Les petits actionnaires réunis doivent-ils forcément choisir l'un d'eux pour les repré- senter à l'assemblée ? Ne peuvent-ils se faire représenter par un mandataire étranger ? La disposition de la loi de 1893 est ainsi conçue «... pourront se réunir pour former le nombre nécessaire et se faire représenter par l'un d'eux ». Certains commentateurs (1) interprétant cet article d'une façon trop étroite exigent que le représentant des petits actionnaires soit nécessairement un d'entre eux ou tout au moins un actionnaire de la Société, en alléguant que le législateur a pris une semblable mesure pour éviter certaines fraudes, particulièrement la création de majorités factices, que certains administrateurs auraient été tentés de créer.

Voilà bien des craintes qui, tout en étant vraisemblables, sont un peu exagérées, et croit-on que lorsque les petits actionnaires auront choisi librement un mandataire pris en dehors d'eux, soit qu'ils habitent trop loin du lieu de la

(1) Genevois p. 144. — Houpin p. 555

réunion de l'assemblée, soit qu'ils se reconnaissent incapables de suivre avec fruit les débats, ils auront fait un plus mauvais choix que s'ils avaient pris un d'entre eux ?

L'actionnaire choisi a-t-il par la seule possession d'un titre un brevet d'insensibilité aux arguments plus ou moins bons d'une personne intéressée à créer une majorité factice ?

On ne fait aucune difficulté aux actionnaires qui veulent se faire représenter par un étranger, si les statuts ne s'y opposent pas, et l'on voudrait, faisant dire à la loi de 1893 plus qu'elle ne dit, contraindre un groupe de petits actionnaires à se faire représenter forcément par l'un d'eux.

En réalité, le législateur pose une règle d'ordre public que ne peuvent enfreindre les statuts ; le groupement des petits actionnaires ; puis pour compléter la phrase il ajoute : « pourront... se faire représenter par l'un d'eux » ; et il n'était pas nécessaire qu'il ajoutât ou par un étranger pour autoriser la représentation par un étranger (1) ; car alors c'eût été interdire aux statuts de contenir une clause contraire. Sur ce point la loi a voulu très sagement laisser toute latitude aux statuts.

A plus forte raison considérons-nous que les petits actionnaires peuvent se faire représenter par un actionnaire pris en dehors d'eux.

4e Question.— La faculté de groupement ne s'adresse-t-elle qu'aux actionnaires qui n'ont pas le minimum

---

(1) M. Bouvier-Bangillon. Trait. comment. p. 120 — Contre Houpin. n° 761 — qui invoque le rapport de M. Thévenet au Sènat.

d'actions fixé par les statuts.— Pour en terminer avec cette disposition de la loi de 1893 une dernière question, que nous poserons de la sorte : Soit un propriétaire de cinq actions et un propriétaire de quinze actions. Le nombre minimum de titres que les statuts exigent des actionnaires pour leur donner place à l'assemblée est de dix. Ces deux actionnaires pourront-ils se syndiquer ? L'actionnaire qui n'a que cinq actions peut-il en quelque sorte emprunter à celui qui en a quinze, c'est-à-dire cinq de plus que le nombre exigé, ces cinq actions pour figurer à l'assemblée ? Ou bien encore le porteur de quinze actions peut-il réunir en ses mains les cinq de son associé, non plus pour avoir droit d'entrée, mais pour augmenter le nombre de ses voix ?

L'*Article* 27 modifié, répond à ces questions, et il y répond négativement ; et en effet il y est dit : « Tous propriétaires d'un nombre d'actions inférieur à celui déterminé pour être admis dans l'assemblée... » Ce qui laisse bien entendre que le législateur veut faire bénéficier uniquement les petits porteurs de la faveur du groupement (1).

Mais supposons un moment l'affirmative admise. Si le propriétaire de quinze actions en prête cinq à celui qui n'en a que cinq pour permettre à ce dernier d'entrer à l'assemblée, il va arriver que le porteur des quinze actions figurera à l'assemblée, d'abord en son nom et ensuite par représentation. Ce que n'a certainement pas voulu la loi.

(1) Sic Houpin n° 761 — p. 555.
(1) Sic Houpin n° 761 p. 554. M. Bouvier-Bangillon p. 119.

On ne saurait davantage admettre que pour se procurer deux voix au lieu d'une, le propriétaire des quinze actions se fit remettre les cinq de son coassocié.

L'intention de l'article 4 de la loi de 1893 est assez claire pour que nous n'insistions pas plus longtemps, et au surplus si le texte de la loi ne suffisait pas, il n'y aurait qu'à lire le rapport de M. Clausel de Coussergues, d'où il résulte à l'évidence que le législateur a voulu avant tout favoriser les petits actionnaires en leur permettant de se grouper.

SECTION II

De quelques difficultés qui peuvent survenir relativement à l'admission d'un actionnaire

En principe, avons-nous dit, au début de cette étude, tout actionnaire peut assister aux assemblées générales, sauf à justifier par les moyens que nous indiquons un droit d'actionnaire : Mais alors nous devons nous demander, ici, ce qu'on entend par actionnaire, et si tout actionnaire devra être toujours admis à l'assemblée ? Ne faut-il pas écarter, par exemple, ceux dont on va discuter les apports, l'administration, la gérance ?

Il nous faudra aussi régler qui du créancier gagiste en mains de qui les titres sont déposés ou du débiteur assistera à la réunion, qui de l'usufruitier ou du nu propriétaire, du reporteur ou du reporté.

Art. II.— De quelques espèces d'actions

§ I *a*) **Action de Capital.** — Ces actions confèrent incontestablement à leurs porteurs le droit d'assister aux assemblées générales, car c'est si non le seul moyen du moins le plus efficace que ces porteurs aient de participer aux opérations de la Société, et d'en surveiller la gestion. Et si on refuse l'entrée de l'assemblée à cette catégorie de porteurs, c'est du même coup la refuser à tous les autres.

b) **Actions d'apport.** — Ces actions sont celles qui sont attribuées aux associés qui ont fait des apports en nature. Comme les précédentes elles donnent à leur porteur le droit de figurer aux assemblées générales. Nous verrons plus loin, quand nous nous occuperons spécialement des assemblées constitutives, que les porteurs d'actions d'apport sont exclus du vote dans certains cas.

c) **Actions de jouissance.**— Les actions de jouissance sont celles qui sont attribuées au porteur des actions de capital qui ont été amorties par tirage au sort, ou remboursées en totalité ou en partie. On reconnaît unanimement que ces actions conservent à leur porteur les mêmes avantages que ceux qui leur étaient conférés par les actions ordinaires, notamment le droit d'assister aux assemblées générales. Et, en effet, bien que remboursés de leur mise, ils n'en continuent pas moins à demeurer intéressés à la bonne gestion de la Société ; chaque année ils ont droit à une part dans les dividendes après le service d'un premier dividende aux actions de capital à titre d'intérêt, et à la dissolution quand tous les autres actionnaires auront été remboursés de leur mise, ils viendront en concours avec eux pour partager le surplus (1).

d) **Parts de fondateurs.** — Bien souvent les fondateurs sont remunérés de leurs travaux ou de leurs soins par des actions de capital entièrement libérées ; mais il peut arriver aussi, et c'est ce qui a lieu d'ordinaire, qu'on veuille les rémunérer en leur accordant une part de x pour cent sur les bénéfices nets espérés. Ce droit à une part de bénéfice peut être représenté par des titres négociables. Les titres ont un nom particulier, qui est très usité : parts de fondateurs.

Nous ne rechercherons pas quel est le caractère de la part de fondateur (2), si l'on doit la considérer comme une créance ou comme une action d'un genre spécial, qu'il nous suffise de dire qu'il est unanimement reconnu qu'elle ne confère pas à son porteur le droit de prendre part aux assemblées de la Société.

§ II. — **Du cas où deux personnes réclament l'exercice des droits conférés par une même action.** — Les droits que confère une action, ne pouvant être invoqués que par une personne à la fois, on comprend que des

(1) Houpin, Traité, n° 268. Lyon-Caen et Renault, n° 560.
(2) V. sur la question J. S. 1880, p. 602 note. Lyon-Caen et Renault, n° 560 bis. Houpin, 271.

difficultés aient pu naître sur le point de savoir à qui on conférera ces droits, au cas où plusieurs personnes viendraient les revendiquer. Comme cela arrivera lorsqu'un nu propriétaire et un usufruitier, un créancier gagiste nanti et un débiteur dépossédé de son titre, un reporteur et un reporté ou bien encore le cédant et le cessionnaire d'une action non négociable, se trouveront en présence.

a) **Usufruitier et Nu propriétaire — Créancier nanti et débiteur.** — La Société n'a pas, en principe, d'intérêt à ce que le droit de vote appartienne à l'un plutôt qu'à l'autre. Libre donc aux deux ayant' droit de régler entre eux qui assistera à l'assemblée. Mais s'ils ne peuvent s'entendre, qui donc sera seul admis ? Et d'abord qui des deux devra être convoqué au cas où les statuts imposeraient une convocation individuelle ? La Cour d'Aix a jugé le 20 janvier 1880 (1) qu'il suffisait de convoquer l'un d'eux, mais sans indiquer lequel.

Certains auteurs (2) estiment que la convocation doit être adressée aux deux parties en même temps, qu'elle constituera à leur égard une sorte de mise en demeure d'avoir à s'entendre. Mais une jurisprudence assez importante, et quelques auteurs (3) estiment qu'il est plus juridique et plus conforme au texte même des articles 13 et 27 de la loi du 24 juillet 1867, d'attribuer en pareil cas le droit de vote au propriétaire des actions plutôt

(1) Bulletin judiciaire d'Aix 1880, p. 253. J. des soc. 1881, 228.
(2) Houpin, traité, n° 754, Vavasseur, n° 904.
(3) Alger, 17 novembre 1884. J. des soc. 1885 p. 222. Lyon, 21 novembre 1894, v. Dans D. sup. p. 565 au mot Société, note 1.-Lyon-Caen et Renault, n° 845.

qu'au créancier gagiste ou à l'usufruitier. Il serait peut-être bon d'apporter une dérogation à cette règle en accordant à l'usufruitier le droit d'assister aux assemblées ordinaires convoquées à l'effet de délibérer sur les comptes de l'année et de voter le dividende. C'est lui qui est, en somme, le plus intéressé dans ce cas (1).

Remarquons que les difficultés, dont nous venons de parler, ne se présenteront véritablement que lorsqu'on se trouvera en présence d'actions nominatives. Quand il s'agira simplement d'actions au porteur, celui qui aura fait le dépôt sera seul admis à l'assemblée (2).

b) **Reporteur et reporté.** — Le propriétaire de l'action, avons-nous dit dans le paragraphe précédent, a seul le droit d'assister aux assemblées, et cette théorie est confirmée par les décisions judiciaires qui décident que le reporteur a le droit de figurer en son nom propre, aux assemblées générales, en s'appuyant précisément sur ce que le contrat de report a fait acquérir un véritable droit de propriété au reporteur, droit de propriété éphémère, peut-être, qui ne durera que jusqu'au jour de la liquidation, mais droit de propriété tout de même et non simplement droit de gage.

Et dans leurs attendus les Tribunaux ont eu bien soin d'indiquer que bien que l'opération de bourse désignée sous le nom de report puisse « par le résultat de la combinaison des deux contrats conclus entre le reporteur et le

(1) Houpin, traité p. 550, note 5.
(2) V. Wahl, Tr. des tit. au porteur n° 1160.

reporté,ne pas différer d'un prêt accompagné d'un nantis-
sement, deux contrats n'en sont pas moins réels, et ils
constituent : le premier un achat ferme de titres par le
reporteur, le second une vente à terme faite par celui-ci,
au reporté d'une égale quantité de titres du même genre ;
dès lors le reporteur est propriétaire des titres par lui
achetés, sauf à en livrer de pareils au reporté quand celui-
ci requiert dans le temps convenu l'exécution du deuxième
contrat (1) ».

Le reporteur peut, jusqu'à l'échéance du report, effectuer le dépôt des titres pour assister à l'assemblée (2).

c) **Cession civile.** — Les actions attribuées en représentation d'un apport en nature, ne peuvent être négociées
pendant deux ans à partir du jour de la constitution définitive de la Société ; mais elles peuvent être cédées
suivant les formes civiles. Cette cession produira les effets
de droit commun, et le cessionnaire deviendra propriétaire
de l'action avec tous les droits qui y sont attachés et
notamment celui de figurer aux assemblées générales (3).

Art. III. — Représentation des Actionnaires aux Assemblées générales

Aucune disposition légale ne contraint les actionnaires
à exercer eux-mêmes leurs droits, ils ont par conséquent,

(1) V..Rep. de D. sup. au mot Société n° 1655. Alger 17 novembre 1884. J. des soc.
1885. 222. Paris 13 avril 1875. D. P. 1875, 2, 161. S. 1876, 2, 113. Réq. 3 février 1861,
D. 1862, 1, 163, contra P. Pont II p. 550 n° 1152, mais cet auteur considère le reporteur
comme créancier gagiste.
(2) Lyon-Caen et Renault, T. II, n° 843. Vavasseur, n° 905. Houpin, T. I, n° 756.
(3) M. Bouvier-Bangillon, p. 141, contra Houpin, n° 757.

3

sauf disposition contraire des statuts, le droit de se faire représenter à l'assemblée générale par un mandataire de leur choix même non associé. Le plus souvent les statuts, afin d'éviter l'immixtion d'étrangers dans les affaires sociales, restreignent le choix des mandants aux autres associés seuls, et ordinairement les statuts exigent que ces asso - ciés aient eux-mêmes le droit de figurer à l'assemblée (1).

Les statuts pourraient même aller plus loin et interdire complètement aux actionnaires de figurer aux assemblées par mandataires.

Ordinairement, les statuts fixent la forme des pouvoirs à donner aux mandataires. La question s'est posée de savoir si, au cas où des mandataires viendraient dans une assemblée, qui confère aux administrateurs le droit de contracter un emprunt hypothécaire, il ne faudrait pas exiger que la procuration qu'ils apportent fût rédigée en la forme authentique. La jurisprudence a répondu non, et cela avec juste raison, car, en définitive, la mission conférée aux administrateurs, d'hypothéquer les biens sociaux n'émane pas directement des actionnaires, pris individuellement, mais bien de l'assemblée elle-même considérée comme être collectif englobant et absorbant la personnalité des actionnaires. Et puis, au surplus, qu'on exige d'une per-

_____

(1) Lyon-Caen et Renault, T. II, 847. Vavasseur n° 905, Houpin 763. .P. Pont,n° 1608. La liberté pour le choix des mandataires n'existe pas dans tous les pays. D'après le Code italien (art. 160), les actionnaires ne peuvent être représentés dans les assemblées que par des mandataires associés, à l'exception des incapables, qui peuvent l'être par des mandataires non associés. L'exercice de ce droit peut être limité par les statuts. Les administrateurs ne peuvent être mandataires. La loi belge de 1873 (art. 61) permet dans tous les cas la représentation des actionnaires par mandataires. Tout au plus admet-elle les statuts à restreindre ce droit en limitant le choix des actionnaires à certaines personnes.

sonne, qui veut hypothéquer son bien et qui envoie un mandataire assister à l'acte fait par le notaire, voire même signer la minute, qu'on exige un mandat en forme authentique, rien de plus juste, mais il ne s'agit ici de rien de tout cela, il s'agit d'autoriser une personne déterminée, administrateur ou gérant, à contracter une hypothèque.

L'article 2127 du Code civil a reçu pleine satisfaction lorsque la volonté de la Société a été constatée par notaire, sans qu'il y ait lieu de rechercher de quels éléments est composée cette volonté (1).

La loi de 1893 est venue mettre heureusement fin à ces difficultés. Nous disons heureusement, car les exigences de la jurisprudence amenaient pour les Sociétés une augmentation considérable de frais, et de plus des complications graves souvent inextricables, qui allaient jusqu'à rendre difficile pour une Société la constitution d'une hypothèque absolument régulière et inattaquable (2). Le nouvel article 69 est ainsi conçu : « Il pourra être consenti hypothèque au nom de toute Société commerciale, en vertu des pouvoirs résultant de son acte de formation, même sous-seing privé, des délibérations ou autorisations constatées dans les formes réglées par ledit acte. L'acte d'hypothèque sera passé en forme authentique, conformément à l'article 2127 du Code civil ».

Ce nouvel article s'applique à toutes les Sociétés commerciales. Quant aux Sociétés par actions il leur est applicable même lorsque leur objet est civil, puisque l'article 68

(1) Lyon-Caen et Renault, n° 587. Sic Cas., 23 Déc. 85. S. 86. I. 145.
(2) V. le discours du rapporteur de la loi du 1er août 1893.

de la même loi déclare qu'elles sont commerciales. Mais cet article ne saurait s'appliquer aux Sociétés civiles à formes commerciales qui ne sont pas régies par la loi de 1867. Nous n'insisterons pas davantage sur cette disposition nouvelle de l'article 69. Cependant, en terminant, remarquons qu'elle ne tranche pas la question de savoir si le mandataire qui vient remplacer un actionnaire à une assemblée, dans laquelle une hypothèque sera consentie, devra ou non avoir un pouvoir authentique. La négative était déjà admise par la jurisprudence au moment où les délibérations des assemblées devraient être prises avec l'assistance d'un notaire pour leur donner l'authencité. A plus forte raison, la négative doit-elle être encore admise aujourd'hui que la loi n'exige plus l'authenticité des délibérations.

CHAPITRE II

FONCTIONNEMENT DES ASSEMBLÉES ET FORMALITÉS PRÉLIMINAIRES

SECTION I

Formalités Préliminaires

Article I. — Convocation. — Dans le chapitre précédent nous avons déterminé de quels éléments étaient composées les assemblées générales, nous allons examiner, à
présent, comment elles se réunissent et comment elles délibèrent. La première formalité à remplir pour réunir une
assemblée est la convocation :

§ I. — **Qui Convoque ?** — La convocation des assemblées générales constitutives est faite par les soins des
fondateurs. Pour les autres assemblées générales, dans
les Sociétés anonymes, ce sont les administrateurs, et, en
cas d'urgence, les commissaires de surveillance qui ont
le droit exclusif de convocation (1). Ce droit, que les commissaires de surveillance tiennent de l'article 33 de la loi
de 1867, est d'ordre public, il ne peut leur être enlevé, ni

---

(1) Lyon-Caen et Renault, n° 849. Houpin, traité, n° 766. Paris, 13 novembre 1890.
J. des Soc., 1891, 481, D P., 1892, 2, 159.

restreint par les statuts sociaux; ils l'exercent seuls sans le concours du Conseil d'administration. Si dans les statuts il est dit que c'est au Conseil d'administration de régler l'ordre du jour, il suffit que ce Conseil d'administration, instruit par les commissaires de leur intention, n'ait pas fait d'opposition. Il faudra même aller plus loin dans certains cas et autoriser les commissaires à passer outre, car s'ils veulent convoquer l'assemblée, à l'effet de demander la révocation des administrateurs, on comprend que ceux-ci ne soient pas très portés à laisser faire sans protester et essayer d'empêcher la réunion. Pour trancher ce conflit, un auteur (1) veut que l'on s'adresse au juge civil des référés; mais ce magistrat est incompétent (2), car il s'agit d'un débat qui a sa place toute indiquée au Tribunal de commerce.

La loi n'a pas voulu laisser à l'initiative individuelle des actionnaires le soin de faire les convocations. Il y a là bien évidemment une lacune, que certaines lois étrangères ont avec beaucoup de bonheur évité. Les actionnaires sont, ainsi, à la merci des administrateurs qui par leur mauvais vouloir, par leur inertie et surtout par une entente frauduleuse avec les commissaires de surveillance peuvent, en ne convoquant pas l'assemblée générale à temps, laisser péricliter de graves intérêts.

Un arrêt de la cour d'Agen (3) a autorisé un groupe d'actionnaires à convoquer l'assemblée générale dans un

---

(1) Vavasseur, t. II, p. 160. N° 888.
(2) Houpin, traité n° 766. Paris, 14 décembre 1894, Gaz. du Pal. 28 déc.
(3) Agen, 15 janvier 1879. 3 J. des Soc. 1880 p. 477.

cas d'urgence pressant. C'est là un arrêt rendu surtout en
considération des faits, mais que l'on peut cependant justifier en disant que les actionnaires ayant l'exercice des
actions sociales ont par cela même le droit de demander
aux tribunaux telles mesures que ceux-ci estimeront favo-
rables au maintien et à la prospérité de la Société.

Ainsi arrive-t-on à admettre, tout en continuant à leur
refuser le droit de convocation, à autoriser les actionnaires
dans des cas d'urgence graves, ou encore lorsqu'il y aura
entente frauduleuse entre les administrateurs et les commissaires de surveillance, à demander et à obtenir du
Tribunal le droit de convoquer l'assemblée (1). Les statuts
pourraient cependant accorder aux actionnaires représentant une portion déterminée du capital, le droit de demander cette convocation. Si les administrateurs ont donné
leur démission, ou ont été pour une raison quelconque des-
titués de leurs fonctions, le Tribunal de commerce peut
confier provisoirement, à des mandataires spécialement
nommés, le soin de convoquer et de tenir l'assemblée (2).

Notons en terminant que l'art. 27 de la loi du 24 juillet
1867 prescrit la réunion d'une assemblée générale chaque
année.

Dans les Sociétés en commandite par actions, c'est au
gérant qu'appartient en principe le droit de convoquer les
assemblées générales soit ordinaires, soit extraordinaires.

(1) T. co. Seine 24 février 1881 — J. des Soc. 1881 p. 204 Cass. 7 mai 1872. D. P.
1872 — I — 233 — Seine, 15 déc. 1890— J. des Soc. 1891, 90.
(2) Seine 26 déc. 1892. J. des Soc.1893 — 149 — Paris 21 février 1893 — J. des Soc.
1894 — p. 42

Et en cas d'inertie du gérant ce droit appartient au conseil
de surveillance. Ce droit de convocation est encore plus
absolu que celui accordé aux commissaires de surveillance
dans les Sociétés anonymes. Tandis que l'art. 11 ne met
aucune restriction au droit du conseil de surveillance,
l'art. 33 semble en mettre une à celui des commissaires, en
le subordonnant à un cas d'urgence. Les conseils de surveillance avaient avant la loi de 1856 le droit de convoquer l'assemblée ; mais bien souvent les gérants avaient
pu s'opposer aux convocations et réussir à les empêcher,
aussi la loi a-t-elle voulu éviter le retour de pareils faits
en consacrant l'existence de ce droit. Les statuts d'une
Société en commandite ne sauraient limiter le droit de
convocation du conseil de surveillance à certains cas.
Remarquons, en terminant, que c'est au conseil qu'appartient ce droit et non à chacun des membres, pris individuellement ; en cas de dissidence l'opinion de la majorité
prévaut.

De même que dans les Sociétés anonymes la loi n'accorde
pas à une notable portion d'actionnaires le droit de faire ou
de provoquer une convocation.

Certaines lois étrangères se sont montrées plus sou-
cieuses du droit des actionnaires et leur ont accordé dans
certains cas, et moyennant certaines garanties, le droit de
convocation.

Dans le Code allemand (art. 237), les actionnaires
représentant la vingtième partie du capital social, au
moins, ont le droit de demander aux administra'eurs de

convoquer l'assemblée générale en indiquant le motif de la convocation. Si leur demande n'est pas suivie d'effet, la juridiction commerciale peut autoriser les actionnaires à convoquer l'assemblée ou à porter telle question à l'ordre du jour.

Le Code de commerce hongrois reconnaît le même droit aux actionnaires représentant au moins le dixième du capital, et à défaut de convocation dans la huitaine, le Tribunal, sur la demande des intéressés, convoque l'assemblée générale.

Le Code de commerce italien (art. 159) dispose : Les administrateurs seront tenus de convoquer une assemblée extraordinaire dans le délai d'un mois, toutes les fois que la demande leur en aura été faite par des actionnaires représentant, au moins, le cinquième du capital social, et qu'elle indiquera les questions à soumettre à l'assemblée (Conf. code roumain (art. 161).

Le Code portugais (art. 180) dit : Les assemblées générales extraordinaires seront convoquées toutes les fois que la direction ou le conseil de surveillance le jugera nécessaire ou qu'elles seront réclamées par des actionnaires représentant la vingtième partie du capital souscrit, à moins que les statuts n'exigent qu'ils représentent une quotité plus élevée du capital. Paragraphe unique : Si la convocation provoquée par les actionnaires n'a pas eu lieu dans la huitaine elle sera ordonnée par le juge du Tribunal de commerce compétent, et elle sortira à effet dès que les conditions portées aux statuts auront été remplies.

§ II. — **Formes et Délais des Convocations.** — La loi
n'indique pas quelles seront les formes de la convocation
et les délais à observer. Les statuts ont généralement le
soin de réglementer ces questions. Cependant l'article 30
de la loi de 1867 relatif aux Sociétés anonymes indique le
mode de convocation de l'assemblée constitutive, lorsque
déjà appelée elle n'a pas réuni la moitié du capital social
en numéraire. L'article 30 intervient pour assurer une
convocation sérieuse et dit que la nouvelle assemblée sera
convoquée au moyen de deux avis insérés à huit jours
d'intervalle et un mois d'avance dans l'un des journaux
d'annonces légales.

Les convocations peuvent être faites par lettres indi-
viduelles adressées aux titulaires d'actions nominatives ;
le plus souvent les statuts se contentent d'avis insérés dans
les journaux d'annonces légales quinze, vingt ou trente
jours avant la réunion. Dans ce cas, pour établir la régularité de la convocation à l'époque voulue on fait légaliser
et enregistrer le journal dans lequel a paru l'insertion et
on en présente un exemplaire à l'assemblée. Le délai
déterminé entre la convocation et l'assemblée doit être
franc, et l'assemblée tenue contrairement à cette prescription est annulable. Mais la présence dé l'actionnaire
le rend irrecevable à demander cette nullité, qui peut du
reste être toujours couverte par une décision valable de
l'assemblée (1).

(1) Vavasseur, n° 906. Houpin, Traité n° 767. Bordeaux, 25 janvier 1888. J. des Soc.
1889, p. 89. Cas., 20 juillet 1897. J. des Soc., 1898, p. 16. Seine, 16 novembre 1891.
J. des Soc., 1894, p. 45.

Notons que, pour l'assemblée annuelle, le délai de convocation doit être au moins de quinze jours francs, afin de permettre aux actionnaires de prendre communication au siège social de l'inventaire, du bilan, de la liste des actionnaires et du rapport des commissaires, conformément aux articles 12 et 35 de la loi du 24 juillet 1867.

§ III. — **Les avis de Convocation doivent-ils faire connaître l'ordre du jour ?** — Les avis de convocation doivent faire connaître les questions qui seront soumises à la discussion de l'assemblée générale, et celle-ci ne peut délibérer valablement que sur ces questions. Est-ce à dire cependant que l'assemblée ne pourra, si des incidents imprévus surviennent au cours de la discussion, trancher séance tenante la question qui se présentera ? Certes non, et la doctrine admet en général et la jurisprudence tend à admettre que l'assemblée générale peut révoquer les administrateurs de la Société, sans que cette question ait été portée à l'ordre du jour, quand cette décision a été prise à la suite d'un incident survenu dans la discussion (1).

Il est bon cependant de ne point exiger des avis de convocation une formule trop étroite pour indiquer les questions portées à l'ordre du jour. Il n'y a là rien de sacramentel. Ainsi, il est admis (2) couramment que les lettres de convocation indiquant que l'assemblée générale devra s'occuper d'une augmentation de capital et de

---

(1) Houpin, traité n° 770 ; Vavasseur, n° 906 bis ; Cas., 15 juillet 1895 ; Pandectes franc., 1897, 1. 65, note de M. Bouvier-Bangillon, in fine et S., 1895, 1. 349.

(2) Paris, 19 avril 1875. D. P., 1875. II, 161.

donner mission au conseil d'administration d'émettre dans
la forme et de la manière qu'il jugera convenables les
actions nouvelles, sont suffisamment explicites pour que
l'assemblée ait pu créer des actions de priorité. De même
l'assemblée peut donner un quitus aux administrateurs
bien que l'ordre du jour ne porte que « Approbation des
comptes ».

En somme, il n'est pas nécessaire que l'objet de la réunion soit expressément désigné, il suffit que l'actionnaire
ait pu se rendre compte du but de l'assemblée et des principales questions qui y seraient étudiées.

Il appartient aux juges du fond d'apprécier souverainement si les indications de l'ordre du jour comprenaient
bien la question sur laquelle il a été délibéré ou si les
circonstances exceptionnelles et imprévues autorisaient à
voter une question non prévue. Mais on ne saurait aller
aussi loin que semble l'avoir fait la Cour de cassation
dans un arrêt du 15 juillet 1895 et dans lequel elle dit en
principe : « Les assemblées générales d'actionnaires, à
moins qu'il ne soit dérogé à cette règle par des statuts, ne
peuvent valablement délibérer que sur les questions portées à l'ordre du jour, à moins d'incidents imprévus survenus au cours des délibérations. » La Cour de cassation
semble nous indiquer que les statuts pourront valablement
disposer que les convocations seront valables, bien que
ne portant pas trace d'ordre du jour. Faut-il admettre
cette théorie ? Faut-il admettre que les statuts pourront
autoriser que les convocations n'indiquent pas l'ordre du

jour ? ou ce qui revient au même que les assemblées ne seront pas liées par leur ordre du jour.

Une note sous le dit arrêt contenu dans Sirey (1895, 1. 349) admet l'affirmative disant : « Nous ne sommes pas ici en matière d'ordre public et par suite une règle comme celle dont nous nous occupons en ce moment peut être modifiée par les conventions intervenues entre associés. »

En fait, il est rare que les statuts portent une clause semblable, le plus souvent, au contraire au lieu de laisser aux assemblées pleine liberté pour délibérer sur tous objets, ils leur défendent de délibérer sur des quetions qui ne seraient pas portées à l'ordre du jour. Mais la loi n'ayant rien dit pour imposer cette règle aux Sociétés, que presque toutes observent, il est bon que nous indiquions en quelques mots les raisons qui nous font penser que la convocation qui ne porterait pas l'indication de l'ordre du jour serait nulle et, en conséquence, que l'assemblée qui s'en suivrait serait également nulle.

La loi a mis dans les Sociétés des organes qui, par leur fonctionnement, sont destinés à en assurer la bonne gestion et à donner des garanties sérieuses aux actionnaires. Parmi ces organes essentiels on doit placer sans discussion possible l'assemblée générale des actionnaires. Personne n'oserait soutenir qu'une Société qui, dans ses statuts, indiquerait qu'il ne sera pas tenu d'assemblée générale, serait une Société valable.

L'assemblée générale est pour l'actionnaire non pas sa seule, mais sa principale garantie, il y est convoqué, il doit y être convoqué. Dire que les avis de convocation pourront, se conformant aux statuts, ne pas indiquer l'ordre du jour ou que l'assemblée ne sera pas obligée de s'en tenir aux questions qui y sont portées, n'est-ce pas enlever toute utilité à la convocation ?

Tel actionnaire serait venu à l'assemblée qui aurait connu exactement ce qui allait s'y passer. Il a cru peut-être que l'on se contenterait d'approuver simplement les comptes, et les connaissant déjà ou ayant confiance en l'honnêteté des administrateurs, il ne s'est pas dérangé et voilà qu'on vote sur une question importante. Il aurait dû venir tout de même à l'assemblée, dira-t-on. Mais n'aurait-il pas été bien simple d'indiquer dans l'ordre du jour la résolution qu'on aurait à prendre. Les efforts que fait le législateur pour donner des facilités de plus en plus grandes tout en y joignant une sécurité plus parfaite aux actionnaires n'indiquent-ils pas surabondamment le désir qu'il a de favoriser les actionnaires et de développer par cela même en France l'essor des capitaux.

Les actionnaires ont voté les statuts, dit-on encore, et ils ont indiqué librement qu'ils ne tenaient pas à être avertis par avance des questions qu'ils auraient à solutionner dans leurs assemblées. D'accord, mais admettra-t-on aussi qu'ils auraient pu valablement voter qu'il n'y aurait pas d'assemblée ? Non, certes, encore une fois. Et n'avons-nous pas démontré que sans une convocation accompagnée du programme des travaux de l'assemblée qui s'en suivra cette assemblée ne sera pas d'une grande utilité. Nous croyons que nous ne pouvons mieux répondre à tous les arguments que l'on pourrait nous opposer qu'en citant les conclusions d'une note très substantielle sur la question que M. Bouvier–Bangillon a mise sous un arrêt de cassation que nous avons déjà cité.

« Quel serait (1) le résultat de cette clause si elle était « admise? Favoriser les fraudes au détriment de la Société « sous l'inspiration de quelques menaces. Etant donné « que l'ordre du jour n'empêche pas de voter sur des « questions qui n'y sont pas portées en cas d'incidents' « imprévus survenus en cours de délibération, on peut « déclarer que la clause n'a aucun effet véritablement « utile pour les Sociétés et ne peut avoir que des résultats « déplorables et des mobiles inavouables. Dans ces con- « ditions, ne peut–on appliquer à cette clause l'article 6 « du Code civil ? N'est-elle pas éminemment contraire aux « bonnes mœurs et à l'ordre public ? »

L'article 3 de la loi du 1er août 1893 est venu donner une utilité de plus et une importance plus grande à la convocation... « Si pour couvrir la nullité (de la Société, ou des actes et délibérations postérieurs à sa constitution) une assemblée générale devait être convoquée, l'action en nullité ne sera plus recevable à partir de la date de la convocation régulière de cette assemblée ». Voilà donc une disposition légale qui donne à la convocation d'une assemblée un pouvoir considérable, celui d'arrêter certaines actions en nullité. Il n'est pas nécessaire d'insister pour démontrer que pour que cela se produise il faudra

---

(1) Cas. 15 juillet 1897. Pand. Fr. 1897-1-65. note.

que cette convocation contienne exactement le but de la réunion qu'elle provoque.

§ IV.— **Lieu de Réunion**. — L'assemblée générale se réunit à l'endroit indiqué dans les statuts ou dans l'avis de convocation. A moins de disposition contraire, l'assemblée ne peut avoir lieu que là même où la Société a son siège. Il a été décidé que bien qu'un article des statuts prescrivît la convocation au siège social, le fait qu'une assemblée a été tenue ailleurs ne saurait entraîner la nullité de la délibération, alors qu'un autre article des statuts porte que l'assemblée générale se réunit au lieu désigné par le conseil d'administration et qu'une assemblée antérieure a été ainsi réunie sans protestation (Seine 9 mars 1887. J. des Soc., 1892, p. 246).

Art. II.—**De ce que doivent ou peuvent faire les actionnaires avant l'assemblée.**— *a*) **Justification de leur qualité.**— Nous avons vu que la qualité d'actionnaire était une condition nécessaire d'admission à l'assemblée, mais il faut que celui qui veut participer à l'assemblée prouve cette qualité. Pour le propriétaire d'actions nominatives la représentation d'une convocation spéciale à lui envoyée, par les convocateurs, ou encore des titres eux-mêmes, ou enfin un certificat de dépôt délivré par la banque où il a déposé ses titres suffira.

Pour les titres au porteur la justification à faire par l'actionnaire résultera du dépôt de ses titres par lui effectué soit dans la caisse sociale, soit dans une banque désignée pour cette opération, un nombre de jours déterminé

soit par les statuts, soit par la convocation avant la date
de la réunion. Ce délai doit être assez long pour
permettre de vérifier l'identité des déposants et éviter
d'accueillir de faux actionnaires, ce qui pourrait amener
des difficultés pour la validité de l'assemblée. La simple
détention des titres au porteur suffit pour établir la propriété
de celui qui les possède, et cette présomption ne peut
s'effacer que devant la preuve du dol ou de la fraude.

Il a été jugé que la clause des statuts, portant que les
actionnaires devront déposer leurs titres, soit au siège
social, soit chez les correspondants de la Société, n'étant
pas prescrite à peine de nullité, la remise au siège social
d'un récépissé de dépôt émanant d'établissements de
crédit ou de banquiers honorables est suffisante pour la
validité du dépôt et la régularité de l'assemblée générale (1). Jugé aussi qu'il n'est pas nécessaire que la
liste des actionnaires soit nommément arrêtée le jour
même de l'expiration du délai accordé pour le dépôt des
titres (2).

b) **Communications de Documents aux actionnaires.** —
Pour délibérer en connaissance de cause il faut que les
actionnaires aient pu prendre communication des différentes pièces qui leur indiqueront la situation de la Société et les résultats des opérations entreprises. Sans
doute, ces pièces seront lues à l'assemblée mais on comprend peu commodément à la simple lecture, faite quel-

(1) Marseille 23 décembre 1885 — J. des Soc. 1887 page 149 — Houpin n° 434.
(2) Paris 27 juillet 1887 R. S. 1889. 377. V. Vavasseur n° 907. Paris 6 juillet 1892.
D. 1894-2-598.

ques fois rapidement, des comptes importants et plus ou moins ardus, où les chiffres passent et repassent, sans qu'on ait le temps de vérifier leur exactitude, sans qu'on puisse juger l'opportunité d'une dépense.

C'est pourquoi l'article 35 de la loi du 24 juillet 1867 pour les Sociétés anonymes, dit : « Quinze jours au moins avant la réunion de l'assemblée générale tout actionnaire peut prendre, au siège social, communication de l'inventaire et de la liste des actionnaires et se faire délivrer copie du bilan résumant l'inventaire et du rapport des commissaires.» Et l'article 12 pour les Sociétés en commandite par actions : « Quinze jours avant la réunion de l'assemblée générale tout actionnaire peut prendre par lui ou par un fondé de pouvoir au siège social, communication du bilan, des inventaires et du rapport du conseil de surveillance ». Nous n'insisterons pas sur ces deux articles qui en disent assez par eux-mêmes. Indiquons seulement au point de vue pratique qu'on admet généralement que les actionnaires ont le droit de prendre copie des pièces communiquées (1). Sans cette faculté la communication perdrait sa valeur étant donné qu'une simple lecture ne peut être une vérification bien sérieuse. L'inventaire à communiquer aux actionnaires est celui qu'exige annuellement la loi de 1867. Il doit contenir l'indication de l'actif comprenant les valeurs mobilières et immobilières, les créances de la Société, et du passif. Le bilan est le simple exposé des opérations de la Société avec la balance du doit et de l'avoir.

Avant la loi de 1893 on pouvait se demander si un action-

(1) T. en Seine 20 mars 83, R. des Soc. 1884. p. 365. 24 mars 1883 T. des Soc. 1884.528.

naire qui n'avait pas le droit d'assister à l'assemblée, parce qu'il n'avait pas le nombre voulu d'actions, pouvait prendre communication des pièces indiquées dans les articles 35 et 12 — la réponse se trouve à notre avis dans ces articles même, qui disent que *tout* actionnaire peut, etc... (1).

Remarquons que la loi ne parle pas de communication à faire avant les assemblées constitutives, ni avant les assemblées extraordinaires. Avant les assemblées constitutives cela se comprend, car, d'une part, il faut bien supposer que le souscripteur n'a pas apporté son adhésion sans avoir pris des renseignements sur l'affaire dans laquelle il allait s'engager et, d'autre part, les précautions que prend l'article 4 de la loi de 1867 et que nous étudierons bientôt, sont suffisantes pour garantir les actionnaires.

Avant les assemblées extraordinaires, le législateur ne pouvait édicter une communication quelconque, car il lui eût été difficile d'énumérer tout ce qu'il y aurait pu avoir lieu de communiquer; il ne pouvait non plus employer une formule générale qui aurait été, en certains cas, très certainement insuffisante.

La formule employée par les articles 12 et 35 que nous avons cités plus haut n'est pas des plus parfaites et a donné lieu à une légère difficulté. Il y est dit en effet : « Quinze jours au moins avant la réunion de l'assemblée... », ce qui ferait décider si l'on prenait ces expressions à la lettre que les communications prescrites ne

---

(1) Sic Houpin 786. Lyon-Caen et Renault n° 857. Seine 14 juin 1890. J. S. 1891. 14.

pourraient plus être demandées dans le délai de quinzaine qui précède la réunion de l'assemblée.

C'est précisément le contraire qu'a voulu dire le législateur, et c'est ce qui est généralement adopté, car il a voulu certainement laisser aux administrateurs le temps nécessaire pour faire leur rapport, établir leurs comptes, en évitant par la fixation de ce délai des demandes continuelles et souvent intempestives de communication.

Il ne faudrait cependant pas considérer le droit de communication comme limité étroitement aux temps et délais prescrits par les articles 12 et 35. Ces articles ne limitent le droit des actionnaires que pour les circonstances courantes, mais ils n'impliquent pas que les actionnaires ne puissent jamais réclamer devant les tribunaux la communication des livres de la Société et l'obtenir si les motifs qu'ils invoquent sont suffisamment graves et si les juges auxquels ils s'adressent les estiment tels (1).

L'article 35 pour les Sociétés anonymes, à la différence de l'article 12 qui est muet sur ce point, indique encore qu'il sera communiqué la liste des actionnaires. Il ne s'agit pas de la liste des actionnaires qui participeront à l'assemblée qui est convoquée, mais de celle qui a été dressée et annexée à l'acte notarié constatant l'accomplissement des formalités requises par la loi lors de la constitution de la Société. Cette mesure, qui n'est possible que quand il s'agit d'actions nominatives et qui peut avoir de l'intérêt au début de la Société, perd de son utilité par la suite.

(1) Cas. 3 déc. 1872. S. 1873 1 33.

SECTION II

Fonctionnement des Assemblées

Nous ne nous sommes occupés jusqu'ici que des questions qui, si l'on peut ainsi s'exprimer, gravitent autour des assemblées, nous allons étudier maintenant celles qui ont trait à l'assemblée réunie.

Article Ier

§ I. — **Bureau**. — Le premier soin de toute assemblée est de former son bureau. La loi ne s'étant pas préoccupée de sa constitution,ce sont les statuts qui déterminent librement sa composition.En fait, pour les Sociétés anonymes le bureau est presque toujours constitué par le président du conseil d'administration (1) assisté des deux plus forts actionnaires, aidé de secrétaires et scrutateurs. Au cas où les statuts n'ont pas prévu la composition du bureau l'assemblée est libre de le composer comme elle l'entend; il en serait de même dans le cas où, inopinément, les administrateurs seraient révoqués par une assemblée à la suite de constatations inattendues et qu'il y aurait lieu de délibérer pour les remplacer. L'assemblée peut même, si les statuts ne s'y opposent pas formellement, élire comme président le directeur général de la Société, car il n'y a

(1) Lyon-Caen et Renault 850. Houpin, traité n° 772.

aucune incompatibilité légale entre ces deux fonctions (1).
Les irrégularités qui auraient pu être commises dans la
composition du bureau ne constituent que des nullités
relatives, qui peuvent être couvertes par une ratification
expresse ou tacite (2).

§ II. — **Feuille de Présence.** — En entrant en séance,
chaque actionnaire appose sa signature sur ce qu'on
appelle la feuille de présence. C'est une feuille qui contient
en différentes colonnes : 1° Les noms et domiciles des
actionnaires ; 2° Le nombre d'actions dont chacun est
propriétaire ou porteur ; 3° Enfin, quand il y a lieu, le
nombre de voix auquel il a droit.

Cette feuille, certifiée et paraphée par les membres du
bureau, est déposée au siège de la Société et doit être
communiquée à tout requérant, sans qu'il ait le droit d'en
prendre copie. Cette feuille de présence ne serait pas
nécessaire si le procès-verbal de l'assemblée générale
était signé de tous les actionnaires, avec les indications
suffisantes pour les identifier. Ce procès-verbal est le
résumé aussi exact que possible des délibérations prises
par l'assemblée générale. Il porte la signature des
membres du bureau et quelquefois de tous les actionnaires,
comme nous venons de le voir, sans que ces signatures
soient requises à peine de nullité (3). Au début de chaque
assemblée on donne lecture du procès-verbal de l'assemblée précédente.

(1) Civ. Req. 5 juillet 1893 D P - 1894 - 1 - 41. Pand F. 1894 - 1 - 433.
(2) Bordeaux 25 janvier 1888 J. S. 1889 - 37.
(3) Cas., 28 janvier 1878-S-1878-1-450.

Art. II. — Comment délibère l'Assemblée.

Le bureau composé, le procès-verbal de la séance précédente lu et adopté, les actionnaires réunis discutent sur
les décisions à prendre, on passe au vote. Nous avons
donc à nous demander maintenant quelles règles il faudra
appliquer à ces délibérations, quel nombre d'actionnaires,
quel capital l'assemblée devra réunir pour prendre des
décisions valables ? Quelle majorité devra être obtenue ?

Le législateur ayant voulu essayer de solutionner toutes
ces questions a imaginé de nombreuses règles réparties
en plusieurs articles qui, tout en ne répondant pas au but
qu'il voulait sans doute atteindre, n'ont pas peu contribué à
rendre cette matière fort délicate et difficile à étudier.
Nous serons donc obligés, pour apporter un peu de clarté
dans les études qui vont suivre, de nous occuper successivement des Sociétés en commandite par actions, puis des
Sociétés anonymes, et dans chacune de ces Sociétés des
différentes assemblées à tour de rôle.

Avant d'examiner chacune des assemblées en particulier
il est bon de noter que les délibérations sont prises à la
majorité des voix (1).

§ I. — **Assemblées Constitutives.** — *a*) **Société en
commandite par actions.** — Tout actionnaire peut assister à cette assemblée et chacun n'a droit qu'à une voix.
Indiquons en passant pour montrer le peu de méthode

---

(1) Lyon-Caen et Renault, 1017 bis. Beslay et Lauras, 455. Houpin, 425.

qu'a apporté le législateur de 1867 en cette matière que sans qu'il y ait une apparence de raison pour justifier pareille différence dans les Sociétés anonymes, la loi autorise les statuts de ces Sociétés à attribuer jusqu'à dix voix au même actionnaire, suivant le nombre d'actions qu'il possède.

En cas d'apports ; Deux assemblées. — Quand un associé fait un apport qui ne consiste pas en numéraire, on stipule à son profit des avantages particuliers ; l'article 4 de la loi de 1867 exige la réunion de deux assemblées successives. « La première assemblée fait apprécier la valeur de l'apport ou les avantages stipulés. La Société n'est définitivement constituée qu'après l'approbation de l'apport ou des avantages donnée par une autre assemblée générale après une nouvelle convocation. » La question se pose de savoir si les règles édictées par le paragraphe 4 de l'article 4 relatives à la majorité et au quorum s'appliquent indifféremment aux deux assemblées.

Régles à appliquer à ces deux assemblées ; sont-ce les mêmes ? — MM. Lyon–Caen et Renault (1) disent : « La loi n'a rien dit sur les conditions de validité de la délibération de la première assemblée. On ne peut suppléer à son silence et exiger les conditions requises pour la deuxième assemblée ; on comprend qu'on ait attaché peu d'importance à une assemblée, qui n'a à prendre qu'une mesure d'instruction. »

(1) L. C. R. n° 1017 bis.

On peut cependant objecter que la loi ne fait aucune espèce de distinction, et que du reste si la première assemblée n'est pas aussi importante que la deuxième qui délibère définitivement, elle demande néanmoins une certaine considération ; car c'est elle qui nomme les experts qui doivent estimer la valeur des apports et apprécier le bien fondé des avantages particuliers. Les appréciations étant sujettes à varier avec les personnes, on comprend combien il est important de ne nommer que celles qui présentent les plus grandes garanties de compétence et d'honnêteté pour faire un rapport sérieux. Or, permettre à une assemblée, quel que soit le nombre d'actions qu'elle représente, de nommer ainsi ces rapporteurs, n'est-ce pas laisser la porte ouverte à la fraude ? N'est-ce pas en un mot donner la tentation aux intéressés, c'est-à-dire aux apporteurs et aux avantagés de faire élire des personnes de leur choix qui apprécieront d'une façon toute particulière les apports ou les avantages et qui feront dans la deuxième assemblée un rapport moins conforme à la vérité qu'au désir de ceux qui auront réussi à les imposer à l'assemblée. On voit le danger, il faut donc de toute nécessité observer pour la première comme pour la deuxième assemblée constitutive les règles salutaires édictées par l'article 4 (1).

Vote des apporteurs ou avantagés. —En nous occupant des actionnaires qui composaient les assemblées, nous avons vu que tous, en principe, étaient appelés et nous avons

(1) Vavasseur 417. Houpin, traité 424. Ruben de Couder. Soc. en com. n° 135.

laissé entendre qu'il y avait une question à examiner relativement au vote des apporteurs dans les assemblées
constitutives. On admet sans difficulté qu'ils peuvent assister à ces assemblées, ils peuvent avoir à fournir des renseignements utiles ; mais la prohibition de l'art. 4, § 5, étant
absolue, on s'accorde pour leur refuser voix délibérative
dans l'assemblée, même quand ils joignent à leur qualité
d'apporteurs en nature celle de souscripteurs d'actions en
numéraire, s'ils réunissent en ce cas deux qualités, ils ne
peuvent se dédoubler, pour ainsi dire, ni s'affranchir de la
partialité qui les portera toujours à approuver les avantages stipulés à leur profit (1).

**Un apporteur ne peut même pas prendre part au
vote relatif aux apports de ses coassociés.** — Mais
faut-il exclure du vote les apporteurs même quand
il ne s'agit pas de voter sur un apport qui leur est propre ? Malgré la généralité de l'article 4 de la loi de 1867,
quelques auteurs décident et la jurisprudence semble être
avec eux que les apporteurs ne sont exclus des votes que
lorsqu'il s'agit de voter sur leurs propres apports. Ils disent
pour justifier cette solution que les apporteurs ne sont
plus en ce cas juges et parties et ont, au contraire, le plus
grand intérêt à prendre part au vote pour pouvoir apprécier, eux aussi, les apports faits par d'autres. Et
M. Pont (2) dit à l'appui de cette théorie : « Ce que le législateur a voulu, ce qu'il a dû vouloir, c'est exclure le

(1) Vavasseur, 419. Cas. 22 février 1888. S. 1888, 1, 417, J. Pal 1888, 1, 1036 et note
Pand. Fr. 1888, 1, 192. T. co. de Nantes, 11 déc. 1897. J. des Soc. 1893, art. 494.
(2) Pont, T II, n° 1009.

concours ou la participation des apporteurs aux délibérations de l'assemblée relatives à l'appréciation et à l'approbation de leurs propres apports ou des avantages stipulés
à leur profit. Et la raison de l'exclusion ainsi limitée est
manifeste et se déduit d'elle-même.

On aperçoit là des intérêts opposés. L'intérêt collectif
de la Société que la loi appelle à exercer un droit de
contrôle et l'intérêt individuel d'un associé, dont les décla-
rations et les évaluations constituent précisément l'objet
sur lequel ce droit de contrôle va être exercé. Mais il n'y
a rien de semblable dans le cas supposé.

Loin d'être contraire à l'intérêt collectif de la Société et
des souscripteurs d'actions , l'intérêt de l'un des apporteurs est absolument le même, lorsque l'assemblée générale statue sur l'approbation des apports de l'autre. C'est
assez qu'il soit écarté du vote quand l'assemblée statuera
sur ses propres apports. Dans son esprit, sinon dans sa
lettre, la disposition prohibitive de la loi ne saurait être
considérée comme allant au delà ».

Il n'est pas suffisant d'invoquer l'esprit d'une loi pour
démontrer qu'elle ne dit pas ce qu'elle semble vouloir dire
au premier abord, il faut encore prouver que la solution
qu'on adopte se trouve bien dans cet esprit. Et le raisonnement de M. Pont peut être ingénieux, il ne repose
cependant sur rien, il ne donne aucune preuve. Il indique
avec beaucoup de clarté un système, rien de plus. Sans
doute cet auteur n'a pas lu ce que disait M. de Saint-
Paul lors de la discussion de la loi du 24 juillet 1867
rapporté par M. Tripier dans son commentaire de cette

loi. « L'assemblée générale dans laquelle on vise les apports et on les approuve est une des assemblées les plus importantes d'une Société par action et il est essentiel que cette assemblée soit aussi considérable que possible. J'ai demandé que, puisqu'on excluait du vote les personnes qui ont fait un apport en nature et qu'on n'y appelait que ceux qui ont pris une part de l'apport en argent, il y eût la moitié du capital en argent qui fut représenté à cette assemblée. » Voilà où se trouve le véritable esprit de la loi, c'est dans la pensée de ses auteurs qu'il faut le chercher. Et l'invoquant à notre tour, ne pouvons-nous pas dire qu'il résulte clairement des termes absolus que la loi emploie l'exclusion totale des apporteurs, même lorsqu'il ne s'agit pas de voter sur leurs propres apports ? Qui ne voit le danger que fait courir aux associés la jurisprudence actuelle (1), admettant une solution contraire à la nôtre ? Qui ne voit aussi la collusion possible entre apporteurs, qui seront tout disposés à voter pour les apports d'un associé même quand ils seront exagérés, pourvu qu'ils soient assurés d'une reconnaissante réciprocité. Un jugement (2) du Tribunal du commerce de Nantes semble admettre cette théorie.

Les apporteurs peuvent-ils voter comme mandataires ? — Si les apporteurs ne peuvent voter en leur nom, le peuvent-ils du moins comme mandataires d'un sous-

---

(1) Paris, 12 janvier 1887 - J S - 1887 p. 775. — Paris, 17 novembre 1891 - J S - 1892 p. 193.— Cas. 20 janv. 1892 - J S 1892 - 145, voir Lyon-Caen et Renault 712 - Houpin, traité 326.

(2) T. Co. Nantes, 11 déc. 1897, J. des Soc. 1898 (art. 494) note.

cripteur en numéraire ? Peut-on admettre que les apporteurs puissent se scinder en deux et voter avec assez
d'indépendance sur les apports ? Pas plus que pour
l'apporteur ayant souscrit des actions de capital, on ne
saurait opter pour l'affirmative. Permettre dans ce cas le
vote de l'apporteur c'est aller contre le vœu de la loi et
vouloir négliger toute vérification sérieuse et désintéressée
des apports. On peut dire, il est vrai, que le mandat est
en principe libre à moins d'une prohibition expresse de la
loi ou des statuts. Mais l'article 4 que nous avons cité
n'est-il pas suffisant par lui-même pour indiquer de la
façon la plus absolue la volonté bien arrêtée d'exclure du
vote des apports ou des avantages particuliers ceux qui
les ont faits ou stipulés, et qu'on ne saurait les y admettre
en quelle qualité que ce soit.

Malgré toutes ces bonnes raisons, malgré les bons
motifs qu'elle avait trouvés pour écarter du vote sur les
apports l'apporteur - souscripteur, la Cour de cassation a résolument adopté la solution contraire, disant
qu'une seule condition était nécessaire : que les statuts
ne s'opposent pas au vote par mandataire, ajoutant au
surplus qu'il n'y avait aucun motif pour refuser toute
valeur au vote émis par le mandataire d'un actionnaire,
dès l'instant que le mandat était régulier (1), qu'alors
même que les statuts exigeraient que le fondé de pouvoir
fût actionnaire, il suffirait qu'il le fût sans avoir à considérer si oui ou non il pouvait voter personnellement. La

(1) Cas. 20 janvier 1892. Pandectes Fr. 1892-1-292. D. P. 92-1-229.

Cour de cassation avait une meilleure raison à invoquer. D'une part, pour apprécier la validité d'un mandat on considère la capacité du mandant et non celle du mandataire, d'autre part l'actionnaire en donnant mandat à l'apporteur de voter pour lui sait ce qu'il fait ; il montre la confiance qu'il a en l'apporteur et alors qu'importe que cette confiance soit exprimée tout de suite ou bien au jour de l'assemblée par l'actionnaire lui-même.

Cette raison est encore mauvaise. On ne saurait trop se méfier de la faiblesse que peut avoir un homme pris en particulier par un autre homme habile qui saura le convaincre, dans un éblouissement de chiffres, de la minimité de l'estimation de son apport, lui arracher une adhésion, et qui pour plus de sûreté se fera donner mandat de voter pour lui. Qui ne voit à quel marchandage les actionnaires souscripteurs du capital vont être en butte de la part de certaines personnes cupides qui voudront à tout prix faire approuver leurs apports chimériques. Sa présence à l'assemblée permettra à l'actionnaire d'entendre lui-même le rapport dressé par les experts nommés dans la première assemblée, d'assister à la discussion de l'évaluation des apports. Et s'il approuve ces apports il le fera alors en pleine liberté et en connaissance de cause (1).

La Cour de cassation a tranché, le 5 novembre 1885, une question qui touche de bien près à celle que nous venons d'examiner.

(1) V. Houpin, traité n° 426 qui, sans proscrire ce genre de mandat, conseille de l'éviter. Houpin J.-S. 1892, p. 146.

Il est bon que nous mentionnions ici la solution qu'elle
a adoptée ; il s'agissait de savoir si une Société n'était
pas nulle pour irrégularité de l'approbation des apports,
lorsque l'apport fait par une Société qui disparaît, représentée par son directeur, a été vérifié et approuvé par
une assemblée à laquelle ont pris part comme actionnaires
de la Société qui se forme, les administrateurs de
l'ancienne.

En un mot, devait-on considérer ces administrateurs
comme apporteurs et les exclure du vote. La Cour a
décidé avec juste raison que l'article 4 de la loi de 1867
ne s'appliquait pas à ce cas, et que l'approbation des
apports n'était pas nulle (1).

**Faut-il faire état des actions en numéraire souscrites
par les apporteurs pour calculer le capital dont l'article 4 exige la représentation du quart ?** — Les diverses solutions que nous venons d'indiquer amènent
tout naturellement une question importante et délicate. D'une part, l'article 4 de la loi de 1867 exige pour la
validité du vote sur l'approbation des apports une majorité
représentant le quart des actionnaires et le quart du
capital en numéraire. D'autre part, nous venons de voir
que les apporteurs sont exclus du vote ; qu'adviendra-t-il
donc au cas où les apporteurs auraient souscrit plus des
trois quarts de numéraire ? Les votants ne pouvant jamais
représenter au moins le quart du capital exigé par la loi
ne pourront jamais prendre une décision valable et la

(1) Voir sur cet arrêt Pand. 97-1-97 une note importante de M. Bouvier-Bangillon.

Société être constituée, à moins qu'on écarte dans le calcul du capital social, d'après lequel on fixera le quart, les actions souscrites par les apporteurs ou les avantagés.

La Cour d'Amiens (1) a déclaré la constitution d'une Société impossible, parce que les apporteurs ayant souscrit plus des trois quarts du capital en numéraire, on ne pouvait pour le vote sur les apports et avantages réunir le quart du capital exigé par la loi.

Est-ce bien ce qu'a voulu la loi de 1867 ? Faut-il ainsi déclarer impossible la constitution de toute Société dans laquelle les apporteurs auraient souscrit plus des trois quarts du capital — et ne serait-ce pas précisément entraver les meilleures Sociétés, car si les apporteurs, qui mieux que personne connaissent la situation, mettent leur argent dans l'affaire, c'est la meilleure preuve que la Société sera appelée à donner des bons résultats.— Sans doute la loi de 1867 a édicté pour que la vérification des apports et avantages fût sincère, qu'elle émanât au moins du quart des actionnaires représentant le quart du capital social en numéraire ; mais en fixant cette majorité, elle statue certainement sur ce qui aura lieu le plus souvent, c'est-à-dire sur l'hypothèse où les souscripteurs du capital en numéraire ont le droit de voter. S'il en était autrement, ce serait exiger une approbation impossible à obtenir.

On admet sans difficulté que lorsque l'apporteur possède en même temps des actions de numéraire il doit

(1) 24 décembre 1889. J. S. 1890, p, 50. Angers, 27 juillet 1887. J. S. 1889, p. 28. Lyon-Caen et Renault, 717.

être écarté du vote, et cependant la loi est formelle pour dire que tous les souscripteurs du capital numéraire doivent être appelés à l'assemblée pour statuer sur les apports en nature. Voilà donc une grave exception apportée à la loi par interprétation même de cette loi ; mais on ne doit pas s'arrêter là, il faut de toute nécessité éliminer du calcul du capital numéraire dont le quart au moins devra être représenté dans la majorité qui approuvera les apports ou les avantages, les actions souscrites par les apporteurs.

Deux arrêts de la Cour de Paris (1) ont adopté cette opinion. Ils partent du principe que les majorités se calculent d'après les éléments admis au vote, personnes et actions, abstraction faite des éléments légalement exclus. C'est là certainement l'intention du législateur.

Donc, les seuls souscripteurs dont il faudra tenir compte dans le calcul de la majorité sont ceux qui ne sont pas également apporteurs, quelque faible que soit leur nombre, quelque minime que soit leur intérêt, seuls ils ont capacité pour la vérification des apports ou des avantages. C'est, du reste, en ce sens qu'un arrêt de la Cour de cassation a tranché la difficulté (6 novembre 1894).

Faut-il annuler une délibération à laquelle ont pris part indûment les apporteurs ? — Une dernière question reste à examiner. Les règles posées dans l'article 4 de la loi de 1867 sont prescrites à peine de nullité. Ces règles étant fondamentales, cela allait de soi, mais le

---

(1) Paris 12 janvier 1887. D P. 1888. 1. 297. 17 novembre 1891. S. 1892. 2. 28 note. T. Com. Nantes, 11 Déc. 1897. J. S. 1898. Art. 94. Cas. 6 novembre 1894. Gaz. Trib. 10 nov.

législateur a tenu à tel point à leur observation, qu'il a pris la peine de nous le dire dans l'article 7. Nous avons vu dans ce qui précède que les apporteurs et avantagés étaient exclus du vote sur leurs apports en avantages.

La prescription de l'article 4 est-elle à ce point rigoureuse, qu'un apporteur ou même plusieurs prenant part au vote, la délibération devra être déclarée nulle et la Société non formée ? L'interprétation étroite de la loi amènerait fatalement à ce triste résultat, aussi croyons-nous que raisonnablement, la loi n'a pu édicter la nullité de la délibération qu'autant que les apporteurs ayant voté, auront pu être pour quelque chose dans la majorité ; qu'autant que leurs voix auront été nécessaires pour faire pencher la balance. Car si déduisant leurs votes par la pensée, il reste tout de même une majorité suffisante, on ne voit pas pourquoi le seul fait par l'apporteur d'avoir pris part au vote pourrait entacher la sincérité de ce vote (1).

Qu'arrive-t-il au cas où le quorum n'est pas atteint ? — Il pourrait arriver, malgré le zèle que les actionnaires mettent habituellement au début d'une Société à assister aux assemblées, que la majorité exigée par l'article 4 ne soit pas atteinte par suite de l'absence de nombreux actionnaires. Faudrait-il considérer l'abstention des actionnaires comme un refus d'approbation, et la constitution de la Société serait-elle par ce fait rendue impossible ? Non, cer-

---

(1) Paris 17 nov. 1891. Pand. 1892. II. 299. Cas. 6 nov. 1894. D. P. 1895. 1. 151. Houpin, traité, 431. Houpin J. S. 1892, p. 180.

tes, on ne peut assimiler cette situation à un refus d'approbation. Pour qu'il y ait une opinion émise il faut une délibération sérieuse, et l'abstention des actionnaires peut n'être due qu'au hasard. Peut-être chacun d'eux a-t-il pensé que les apports étant sérieusement et justement évalués par les apporteurs, il n'avait pas besoin de se déranger, et que les autres actionnaires suffiraient pour constituer la majorité. Jusqu'à ce qu'il y ait un vote régulier soit d'approbation, soit de rejet, les souscripteurs sont tenus, les fondateurs aussi. On réunira une deuxième assemblée et si, comme la première, elle ne réunit pas la majorité exigée par l'article 4, et si les statuts n'ont pas prévu le cas, en déclarant alors la Société dissoute, rien n'empêcherait de provoquer une troisième assemblée (1). Ou bien encore les fondateurs seraient admis à se croire libérés de leurs engagements et pourraient faire sanctionner leur décision par les tribunaux.

b) **Société anonyme par actions.** — Nous avons étudié longuement les assemblées constitutives dans les Sociétés en commandite par actions, et nous avons procédé ainsi en raison de la méthode suivie par le législateur. Car, à l'encontre de ce qu'il a fait pour les assemblées ordinaires et extraordinaires dont il a longuement développé les règles dans les Sociétés anonymes, restant muet pour l'organisation de ces mêmes assemblées dans les Sociétés en commandite, il a minutieusement réglementé les assemblées constitutives dans ces dernières

(1) Vavasseur, n° 422, Houpin, 430.

Sociétés, se contentant de renvoyer à ces règles pour les
Sociétés anonymes dans l'article 24 de la loi de 1867.
Nous userons du procédé employé par le législateur et
nous nous contenterons, pour éviter des redites, à renvoyer
pour les Sociétés anonymes à ce que nous avons dit sur
l'organisation et le mode de délibération des assemblées
constitutives des Sociétés en commandite.

Antinomie apparente des articles 24, 28 et 30. —
Dans l'article 30 du titre II de la loi de 1867, nous
trouvons la disposition suivante : « Les assemblées qui
ont à délibérer sur la vérification des apports, la nomination des premiers administrateurs..... etc. (en un mot les
assemblées que l'on est convenu d'appeler constitutives),
doivent être composées d'un nombre d'actionnaires
représentant la moitié au moins du capital ». D'autre
part l'article 24 nous dit : « Les dispositions des articles
1, 2, 3 et 4 de la présente loi sont applicables aux Sociétés
anonymes (1).» Et enfin l'article 28 1ᵉʳ alinéa : «Dans toutes
les assemblées générales, les délibérations sont prises à
la majorité des voix ».

Nous nous trouvons donc en présence de deux règles
fixant la majorité que les assemblées constitutives des
Sociétés anonymes devront réunir pour prendre des décisions valables. Laquelle faudra-t-il appliquer ?

Des auteurs (2) ont dit : « Si la loi détermine la partie

---

(1) Rappelons que l'article 4 § 4 de la loi de 1867 auquel renvoie l'article 27 de cette
loi fixe ainsi la majorité qui doit approuver les apports : « Cette majorité doit comprendre
e quart des actionnaires et représenter le quart du capital social en numéraire ».
(2) Lyon-Caen et Renault, 713.

du capital que doivent représenter les actionnaires participant au vote, elle n'indique nullement que la majorité doive représenter une partie minima de ce capital. Aussi doit-on s'en tenir à la règle de l'article 28 1er alinéa selon laquelle dans toutes les assemblées générales les délibérations sont prises à la majorité des voix, sans rechercher quel nombre d'actions possèdent les actionnaires formant la majorité. » (1)

La jurisprudence, qui est en sens contraire, indique avec beaucoup de raison que seule la disposition de l'article 30 serait applicable, si elle constituait une dérogation formelle aux règles prévues dans l'article 4 ou si seulement elle était inconciliable avec ces règles. En définitive, l'article 30 se borne à régler la composition de l'assemblée constitutive, il laisse donc place libre à la fixation légale d'une majorité. Il faut donc, pour fixer les conditions dans lesquelles doit se manifester la majorité se reporter à l'article 4.

Mais si l'assemblée générale en question n'avait pas réuni cette majorité, nous n'aurions plus à nous occuper que de l'article 30 et à l'appliquer seul ; car il prévoit un cas qui a été laissé de côté par l'article 4, et la nouvelle assemblée générale qui serait réunie après deux avis publiés à huit jours d'intervalle, un mois à l'avance, pourrait valablement approuver les apports, pourvu qu'elle fût composée d'un nombre d'actionnaires représentant le cinquième au moins du capital social. Et il est bien évi-

(1) Sic Vavasseur n° 894 mais avec la restriction qu'il sera toujours plus prudent de se conformer à l'article 4, R, des Soc, 1888 p, 183.

dent que dans ces conditious on ne saurait exiger que la simple majorité des voix.

Nous ne nous occuperons pas ici des questions que nous avons déjà vues en étudiant l'assemblée générale constitutive dans les Sociétés en commandite par actions, telles que l'exclusion des apporteurs ou des avantagés dans les différentes hypothèses qui peuvent se présenter, nous nous contenterons de renvoyer aux études déjà faites.

Nombre de voix dont peut disposer chaque actionnaire — Il est cependant une indication qu'il nous faut donner relativement au vote. Tous les actionnaires sont admis dans les assemblées constitutives, même ceux ne possédant qu'une action. Dans les Sociétés anonymes, afin de ne pas enlever tout avantage aux gros actionnaires, la loi a permis l'application des statuts pour le cas où ils proportionneraient le nombre de voix au nombre d'actions ; mais elle a cependant, pour éviter l'absorption complète des petits actionnaires, limité à dix le nombre des voix dont pourrait disposer chaque actionnaire. Nous savons que dans les Sociétés en commandite par actions la loi n'a pas laissé cette faculté aux statuts, et que chaque actionnaire n'a droit qu'à une voix, quelque soit le nombre d'actions qu'il possède. On a essayé de justifier cette différence entre les deux genres de Société en disant que la Société anonyme par action est une Société de capitaux, et que l'on doit avant tout s'occuper du capital, tandis que la Société en commandite par actions est une société de personnes, et c'est pour cela que dès le début on s'attache à ce que tous les actionnaires viennent à l'assemblée et aient un droit égal. Cette raison peut être bonne quand on est en présence d'une Société en commandite de minime importance, mais dans celle qui a un gros capital il n'en est plus de même.

§ II. — **Assemblées Ordinaires.** — *a*) **Sociétés en commandite par actions.** — Nous aurons peu à dire sur la tenue des assemblées ordinaires de ces sociétés; pour les Sociétés en commandite le législateur est resté absolument muet relativement au quorum et à la majorité qui devront se rencontrer dans ces assemblées, il faudra donc s'en tenir aux dispositions des statuts, et dans le silence des statuts, la majorité des actionnaires présents est suffisante, **quel** que minime que soit leur nombre, et quelle que peu élevée que soit la portion du capital qu'ils représentent.

b) **Sociétés anonymes par actions.** — **Quorum.** — La loi est intervenue, par contre, pour les Sociétés anonymes et a prescrit un quorum. L'article 29 nous dit, en effet, que les assemblées générales (ordinaires) doivent être composées d'un nombre d'actionnaires représentant le quart au moins du capital social. Si l'assemblée générale, ajoute cet article, ne réunit pas ce nombre, il en est convoqué une deuxième, et celle-ci délibère valablement quelle que soit la portion du capital représenté par les actionnaires présents.

Majorité. — L'article 28 de la loi de 1867 déclarant que dans toutes les assemblées les délibérations sont prises à la majorité des voix, les abstentionnistes doivent être considérés comme rejetant la proposition soumise au vote, et son admission doit être repoussée ou tout au moins ajournée. Dans le calcul des voix on ne compte que celles des actionnaires présents ou représentés par mandataires ; il ne faudrait donc pas tenir compte des opinions émises par lettres par certains actionnaires (1). De même encore la majorité ne saurait être complétée après l'assemblée par des adhésions données par des actionnaires.

Proportionnalité des Voix. — Dans le silence des statuts chaque actionnaire n'a qu'une voix ; mais le plus souvent les statuts disposent que les actionnaires auront un nombre de voix proportionnel au nombre d'actions qu'ils possèdent. Toutefois, pour limiter la trop grande influence que pourrait avoir un gros actionnaire, les statuts fixent le nombre de voix maximum que peuvent avoir ainsi les actionnaires.

Quand les actionnaires ont plus d'une voix, le vote a lieu par appel nominal, afin de pouvoir faire le calcul des suffrages.

Intérêt Personnel. — Aucune disposition légale n'existant pour prononcer l'exclusion de certaines personnes, nous devons reconnaître qu'alors même que des actionnaires auraient un intérêt personnel dans la question soumise au vote de l'assemblée, on ne saurait les en

(1) Houpin traité 774, Lyon-Caen et Renault II, 851. Vavasseur 901.

exclure. Il en serait ainsi notamment pour les administrateurs, les gérants, dont l'assemblée vérifie les comptes annuels (1). Notons cependant que les statuts sont libres d'exclure d'un vote telle personne intéressée, quand ils le jugeront convenable.

§ III. — **Assemblées générales extraordinaires.** — *a)* **Sociétés en commandite par actions.** — Pour les Sociétés en commandite par actions aucune disposition législative ne détermine quelle portion de capital doit être représentée dans ces assemblées. C'est donc dans les statuts qu'on devra rechercher les conditions de vote, et s'il n'y ait rien dit on devra alors admettre comme valable le vote émis, quel qu'ait été le nombre d'actionnaires, et quelle qu'ait été la portion du capital représentée.

b) **Sociétés anonymes.** — Le législateur s'est occupé par contre du fonctionnement des assemblées générales extraordinaires dans les Sociétés anonymes.

Quorum. — L'article 31 de la loi de 1867 veut tout d'abord que ces assemblées soient composées d'actionnaires représentant au moins la moitié du capital social, et il suffit dans le silence des statuts que dans cette moitié du capital la majorité ait voté une décision pour qu'elle soit admise sans autre condition, de telle sorte que cette décision sera prise par le quart du capital social.

(1) V. Cas., 27 juillet 1881. S. 1883. 1. 337. Note Labbé. Lyon-Caen et Renault, t. II, n° 846. Houpin, traité n° 777. Contra Vavasseur, n° 903. Cas., 26 oct. 1896. P. Fr.1898. 1. 33. V. s. cet arrêt note de M. Champcommunal. (V. aussi note Labbé dans S. 1883. 1. 337).

La Loi exige-t-elle le Suffrage Universel dans les Assemblées extraordinaires ? — Des auteurs distingués (1) estiment que les actionnaires doivent être tous appelés aux assemblées générales extraordinaires et que tous doivent être admis au vote quel que soit le nombre d'actions qu'ils aient, nonobstant toute disposition contraire des statuts. Et ils s'appuient pour démontrer cette opinion sur l'article 37 de la loi de 1857 qui indique qu'au cas de perte des trois quarts du capital social, l'assemblée de tous les actionnaires doit être convoquée.

« Il s'agit bien là, disent-ils, d'une modification aux statuts, puisque la délibération de l'assemblée générale peut dissoudre la Société avant le terme fixé pour sa durée » et ils concluent : « La clause qui exclurait des assemblées extraordinaires les actionnaires ne possédant pas un certain nombre d'actions, serait donc nulle à nos yeux. »

Nous ne pouvons admettre cette théorie, l'opinion contraire nous paraît plus juridique et en même temps plus légale. D'une part, en effet, nous savons que les Sociétés peuvent librement régler dans leurs statuts la composition des assemblées générales, — sauf les exceptions déjà vues pour les assemblées constitutives — le législateur a apporté ici une seconde exception à la liberté des statuts au cas de perte des trois quarts du capital social et nous estimons que l'interprète ne saurait par analogie étendre cette restriction D'autre part, l'hypothèse prévue par

(1) Lyon-Caen et Renault n° 863.

l'article 37 est d'une gravité telle qu'il est facile de comprendre que le législateur n'ait pas voulu se contenter des
garanties qu'il avait apportées dans l'article 31 à la modification des statuts.

La règle établie par l'article 37 est donc une règle établie pour un cas spécial, elle déroge au principe reconnu
par la loi de la liberté des statuts, et bien qu'elle s'applique si l'on veut à un cas de modification des statuts, on
ne saurait en conclure qu'elle doit s'appliquer dans tous
les autres cas.

MM. Lyon-Caen et Renault s'appuient aussi sur un
argument d'ordre pratique. Qu'arriverait-il, se demand-
dent-ils, si les actionnaires admis au vote ne suffisaient pas à constituer la moitié du capital exigée par
l'article 31 ? Et ils concluent qu'il y a là une raison de
plus pour appliquer la règle de l'article 37, c'est-à-dire,
admettre tous les actionnaires aux assemblées générales
extraordinaires.

Mais nous répondrons bien aisément à ce dernier argument :

Ou bien les statuts auront prévu cet événement, et y
auront apporté un remède et il faudra l'appliquer, ou bien
les rédacteurs des statuts auront omis de s'occuper de ce
cas, et alors on sera amené à admettre, et nous en avons
déjà démontré la possibilité, les actionnaires possédant
un nombre inférieur de titres à celui fixé par les statuts
pour leur admission (1).

(1) Houpin, traité n° 794, repousse cette théorie, tout en regrettant l'impossibilité d'une
modification aux statuts.

Nous ne pouvons mieux terminer cette discussion qu'en citant un passage de M. Vavasseur (1) qui avait premièrement adopté l'opinion soutenue par MM. Lyon-Caen et Renault et qui dit : « Je n'hésite pas à revenir sur cette opinion inspirée par un respect exagéré du suffrage universel et par une idée d'analogie trompeuse. Dans le silence de la loi, la convention a été libre de régler le suffrage ; or, de l'économie de la loi il résulte qu'elle a établi des dispositions distinctes spéciales pour chacune des diverses assemblées d'actionnaires, et qu'elle n'a prescrit le suffrage universel que pour les assemblées constitutives (art. 27, alinéa 2) et pour les assemblées de dissolution (art. 37) c'est-à-dire la naissance et la mort. Celles qui sont tenues pendant son existence, ordinaires et extraordinaires, sont donc libres (2). »

Quorum non atteint. — Quid dans une deuxième assemblée ?—Dans le cas où une première assemblée n'aurait pas réuni le quorum légal, c'est-à-dire que les actionnaires présents n'auraient pas représenté la moitié du capital social, une deuxième assemblée pourrait-elle valablement délibérer quelle que soit la portion du capital représenté ? L'affirmative a été soutenue par un auteur (3) ; mais l'opinion contraire prévaut en doctrine, et en effet l'article 33 est formel, il exige pour que la délibération prise par l'assemblée générale extraordinaire soit valable que la moitié au moins du capital social ait été représentée. C'est

(1) Vavasseur n° 899.
(2) Sic. J. des Soc. 1880 p. 549.
(3) Vavasseur n° 899.

une sage précaution, car les délibérations tendant à modifier les statuts sont trop importantes, souvent trop grosses de conséquences pour qu'elles puissent être prises à la légère. Nulle part le législateur n'a dit, pour ces assemblées comme il l'a fait pour d'autres qu'une portion moindre de capital serait suffisante. Il a simplement indiqué un quorum, il faut le respecter et il y a de bons motifs pour le faire. C'est une sorte de minimum imposé par la loi, les statuts n'y pourraient déroger (1). Nous pensons en conséquence qu'au cas où une première assemblée extraordinaire n'aurait pas réuni la moitié du capital social, la nouvelle assemblée qui serait réunie pour la même question ne saurait prendre de décisions valable, si la règle édictée par l'article 31 n'était pas observée.

APPENDICE

Fraudes. — Il peut arriver que certaines personnes intéressées aient créé frauduleusement une majorité factice en se présentant à l'assemblée comme propriétaires d'actions et de coupons d'actions qui ne leur appartiennent pas. L'article 13 §§ 3, 4 et 5 de la loi 1867 permet de les poursuivre ainsi que ceux qui leur ont prêté les titres, et édicte à leur encontre des pénalités assez sévères. C'est d'abord une amende de cinq cents à dix mille francs sans

(1) Houpin Traité n° 793. Houpin J. des Soc. p. 538 sq. Lyon-Caen et Renault B. 863 Ruben de Couder n° 430. Pont n° 1685.

préjudice des dommages-intérêts et ensuite une peine corporelle de quinze jours à six mois de prison.

Le fait constitutif du délit prévu par l'article 13 consiste dans le vote des faux actionnaires, c'est-à-dire que si ces actionnaires se contentent d'assister aux réunions, il n'y aura pas, comme l'exige l'article pour qu'il y ait délit, création frauduleuse d'une majorité factice. Et MM. Lyon-Caen et Renault vont même plus loin, ils déclarent qu'ils ne seront punissables qu'autant que la majorité aura été réellement faussée ; c'est dire que si en défalquant les voix des faux actionnaires, il subsiste encore une majorité suffisante, il n'y aura alors qu'une tentative non punissable.

Comme conséquence de ces fraudes quand la majorité a été faussée, les délibérations de l'assemblée sont nulles.

Ces dispositions s'appliquent aussi bien aux assemblées des Sociétés en commandite par actions qu'à celles des Sociétés anonymes, l'article 45 indique, en effet, que les dispositions de l'article 13 sont applicables à ces dernières.

Indiquons en terminant que ces fraudes se présenteront fort rarement pour les Sociétés soumises au régime de la loi de 1893 et dans lesquelles les petits actionnaires peuvent se grouper.

CHAPITRE III

POUVOIRS DES ASSEMBLÉES GÉNÉRALES D'ACTIONNAIRES

SECTION I

Assemblées constitutives

Dans les Sociétés anonymes aussi bien que dans les Sociétés en commandite par actions ces assemblées ont comme mission priucipale de vérifier les apports en nature et les avantages particuliers. Elles ont ,encore à nommer le premier personnel administratif de la Société. Le deuxième paragraphe de l'article 24 de la loi de Juillet 1867, confie à l'assemblée constitutive des Sociétés anonymes une troisième mission qui est de vérifier la sincérité de la déclaration faite devant notaire par les fondateurs. Cette vérification étant pratiquée dès le début des réunions, nous nous en occuperons en premier lieu ; puis nous examinerons rapidement ce qu'on entend par apports et avantages particuliers, et enfin nous étudierons quels sont les moyens de vérification employés par les assemblées.

Art. I. — Vérification de la Déclaration
devant Notaire

Le législateur s'est préoccupé, à juste titre, d'établir des règles assez étroites pour assurer la sécurité des souscripteurs, prévenir la constitution trop rapide des Sociétés. C'est ainsi qu'il exige, notamment, la souscription intégrale du capital social, le versement du quart au moins sur chacune des actions quand le prix est de 25 à 100 francs (1), et enfin une déclaration faite devant notaire par les fondateurs que les deux premières prescriptions que que nous venons d'indiquer ont été remplies (2). Sans doute le notaire n'a pas à contrôler lui-même la sincérité de cette déclaration ; mais le législateur a certainement pensé que devant la gravité d'une déclaration inexacte le fondateur s'arrêterait, et encore que le notaire aurait soin d'indiquer au déclarant les fautes qu'il aurait pu commettre, de le prémunir contre les erreurs dans lesquelles il pourrait tomber et enfin de lui apprendre les conséquences pénales et civiles qu'il encourt.

Le notaire a donc un rôle assez effacé, il enregistre rien

(1) Il y a controverse sur le versement que le souscripteur aura à effectuer si la valeur de l'action est de plus de 25 francs et de moins de 100. MM. Lyon-Caen et Renault (Com. de la loi de 1893 p. 10) déclarent que le versement du quart doit suffire. M. Bouvier-Bangillon déclare (Législat. nouvelles sur les soc. p. 62) qu'il faut le versement total. Cette dernière opinion prévaut en doctrine (A. Wahl. Etude sur l'augm. du cap.). Enfin M. Houpin soutient, n° 375 une troisième opinion qu'il faut toujours au moins un versement de 25 francs.

(2) Le projet de loi adopté par le Sénat, le 29 septembre 1884, art. 3, § 3, exige que la déclaration notariée indique le lieu où le montant des versements a été déposé. Cette mesure faciliterait singulièrement la vérification des assemblées générales.

de plus (1). Dans les Sociétés anonymes par actions l'assemblée constitutive a la charge de vérifier la déclaration faite devant notaire. Mais cette vérification ne constitue pas une garantie bien sérieuse, l'assemblée devant se borner à contrôler la sincérité de la déclaration émanée des fondateurs, c'est-à-dire si la souscription a été totale et si les versements ont été faits conformément à la loi.

Dans les Sociétés en commandite par actions cette vérification est faite par le premier conseil de surveillance (art. 6). L'article 8 de la loi de 1867 déclare que les membres de ce conseil sont personnellement responsables de la nullité de la Société prononcée pour défaut d'observation des conditions imposées par la loi.

Quand il y a lieu, en cas d'apports ou de stipulation d'avantages particuliers, à deux assemblées constitutives successives on peut se demander laquelle de ces deux assemblées sera chargée de la vérification de la déclaration. Le plus souvent c'est la première assemblée qui est chargée de ce soin, il a été cependant décidé qu'il pouvait être laissé à la deuxième assemblée.

On devra présenter à l'assemblée comme pièces justificatives la liste des souscripteurs et des versements ainsi que l'acte de Société, il ne serait pas inutile aussi de verser une pièce émanant du banquier de la Société, ou d'une personne honorablement connue constatant le dépôt de la somme provenant des versements faits par les souscripteurs.

(1) Les fondateurs de Sociétés s'adressent bien souvent à un notaire qui s'occupe de tout.

Il y a malheureusement quelquefois de fausses décla-
rations, bien souvent elles sont habilement dissimulées,
et l'assemblée des actionnaires ne les découvre pas. Du
reste, elle est bien obligée de se contenter d'une vérification
de forme, elle ne peut examiner une à une les souscriptions
pour savoir si elles ne sont pas entachées de fraudes. Elle
pourrait, il est vrai, confier ce travail à une ou plusieurs
personnes, mais elle ne le fait pas en général, car au début
de la Société les premiers souscripteurs ont une confiance
souvent aveugle envers les fondateurs qui les ont éblouis
par des comptes merveilleux. Le projet de loi adopté par
le Sénat en 1884 portait une modification à ce système
l'art. 9, alinéa 3, disposait qu'au cas où le quart des actionnaires présents le demanderait, le président du Tribunal de
commerce du lieu où le montant des versements a été
déposé nommerait un ou plusieurs experts pour faire une
vérification.

Droit comparé. — Le Code allemand, modifié par la
loi du 18 juillet 1884 a réglé minutieusement les formalités de la constitution d'une Société. Une première assemblée nomme les administrateurs et le conseil de surveillance, ceux-ci font un rapport sur les opérations de la
constitution de la Société. Si les administrateurs nommés
sont les fondateurs, ce sont des « reviseurs », personnages
nommés par la Chambre de commerce qui font ce rapport.
L'acte de Société est enregistré au greffe sur la demande
des administrateurs, qui y joignent les pièces justificatives. Puis les souscripteurs sont convoqués en assemblée

par un juge du Tribunal. Et, sous la présidence de ce juge cette assemblée délibère après avoir pris communication des pièces fournies, entendu les différents rapports et les explications des fondateurs. La majorité peut demander l'ajournement de l'assemblée pour supplément d'information (art. 209, 210, 210 a).

D'après le Code italien (art. 90) c'est au Tribunal civil, statuant en chambre du conseil, qu'est laissé le soin d'examiner l'acte de société.

La loi belge de 1873, art. 32 ; le Code hongrois, art. 154 ; 1° le Code portugais, art. 64 § 4, procèdent avec très peu de différence de la même manière que le Code français.

Art. II. — Apports en nature et privilèges particuliers.

a) Bien souvent les fondateurs d'une Société sont des industriels ou des propriétaires d'usines qui veulent, en créant une Société, donner de l'extension à leurs affaires par les capitaux que les souscripteurs leur apporteront, ou bien encore se débarrasser des soucis d'une gestion trop absorbante.

Ces fondateurs se réservent alors le droit d'apporter dans la Société leur installation, leur usine, leur brevet d'invention et se réservent un nombre d'actions, ou stipulent une somme d'argent qui les paiera de la valeur à laquelle ils auront estimé leurs « apports ».

L'homme est ainsi fait que même sans qu'il lui soit nécessaire d'être poussé par la cupidité qui, quelquefois, hélas, inspire les fondateurs de Société, il est toujours porté à donner une valeur exagérée à ce qu'il a fait ou à ce qu'il possède. Aussi comprend-on la nécessité qu'il y a pour les souscripteurs d'une Société, dans laquelle des apports sont faits, de ne pas les accepter comme argent comptant avec l'estimation qui en a été faite, peut-être très sincèrement, mais peut-être aussi avec une consciencieuse exagération.

Sans doute le législateur aurait pu prendre une mesure radicale et interdire la constitution des Sociétés dans lesquelles autre chose que de l'argent aurait été apporté ; mais ç'eût été interdire toute Société, car bien peu sont fondées dans lesquelles aucun apport en nature n'est fait.

L'article 4 de la loi de 1867 a donné une excellente définition de l'apport en nature : « Tout apport fait autrement qu'en numéraire », tel qu'un immeuble, une industrie, une concession de chemin de fer, une créance, des actions ou obligations d'une autre Société, l'actif d'une Société dissoute.

S'il s'élève des difficultés sur les apports, les Tribunaux jugeront. L'associé qui fait entrer dans la Société un immeuble, par exemple, peut soutenir que c'est à titre de vente ferme et non d'apport, et il n'y aura plus lieu à vérification. Aussi peut-il arriver qu'on dissimule un apport sous les apparences d'une vente pour éviter précisément une vérification gênante. Les associés qui découvriront cette fraude auront la faculté d'ouvrir une instance devant les Tribunaux à l'encontre des fondateurs, et s'ils arrivent à démontrer qu'il y a en réalité apport et non vente, l'annulation de la Société pourra être prononcée.

Un jugement très fortement motivé du Tribunal de commerce de la Seine du 12 décembre 1892 (1) présume le dol, pour assurer plus de sécurité aux souscripteurs, quand la vente a lieu entre les fondateurs et la Société pendant la constitution de celle-ci. Il décide que, dans ce cas, il faut regarder la chose vendue comme un véritable apport, et la soumettre à la vérification des assemblées constitutives, alors même que les souscripteurs auraient, dans la première assemblée, déclaré connaître parfaitement et approuver les accords intervenus et délégué un d'entre eux pour signer l'acte de vente au lieu et place des administrateurs non encore désignés.

La Cour de cassation ne présume jamais le dol, il lui faut toujours la preuve que des manœuvres frauduleuses ont eu lieu pour faire croire à une vente alors qu'il s'agissait d'apports.

En somme, on peut dire qu'il y a vente quand celui à qui appartenait la chose mise en Société reste étranger à cette Société relativement à cette chose, il y apport au contraire quand celui qui a mis la chose dans la Société reste attaché à cette Société et est soumis aux aléas qu'elle peut subir.

Ces principes établis nous pouvons maintenant résoudre sans peine une légère difficulté. Une Société se fonde et l'un des associés s'engage pendant sa durée à fournir, moyennant un prix déterminé, l'une des matières premières que la Société a pour but de travailler. Y a-t-il apport ou bien seulement vente ?

(1) D. sup. J. G., au mot Société, p. 490.

Il ne saurait être question d'apport ici, il y a un engagement de la part de l'associé, qui ne ressemble en rien à un apport, car cet associé est dans la même condition qu'une personne étrangère vendant à la Société ce dont elle a besoin.

b) A côté des apports en nature dont les premières assemblées ont à vérifier l'estimation, il faut placer les avantages particuliers qui sont attribués à un associé pour le rémunérer des services rendus ou à rendre à la Société. C'est par exemple un fondateur qui stipule une rémunération spéciale pour le temps et les soins qu'il a consacrés à l'entreprise, ou encore un financier, un homme qui possède un nom connu, qui veulent sans bourse délier se créer des revenus, et laissent figurer leur nom sur les prospectus avec un titre quelconque, en exigeant une part des bénéfices.

Ces avantages se traduisent ordinairement par l'attribution de ce que l'on appelle des parts de fondateurs, qui donnent un droit aux bénéfices à leurs détenteurs après le prélèvement, au profit des actionnaires, d'une somme suffisante pour couvrir l'intérêt qui leur est dû. Les avantages particuliers peuvent être aussi représentés par différents autres titres négociables, tels que : actions industrielles, actions de prime, actions privilégiées ou de priorité, mais tous ces titres confèrent en général, à quelque chose près, le même droit qu'une part de fondateur, c'est-à-dire l'attribution d'une certaine part de bénéfices avant le partage des bénéfices nets aux actionnaires.

Ce qui distingue les avantages particuliers c'est que l'égalité qui doit régner parmi les associés est rompue, aussi la loi en entoure-t-elle l'attribution de garanties sérieuses qui ont pour but d'assurer la vérification de la réalité et de la valeur des causes invoquées par les stipulants.

Ces causes sont nombreuses et donnent lieu parfois à des discussions, car ceux qui les invoquent voulant éviter la vérification soutiennent que certaines ne confèrent véritablement pas un avantage particulier. Du reste, peu importe que l'avantage soit stipulé au profit d'une seule personne ou de tout un groupe d'actionnaires ou de souscripteurs. C'est ainsi que l'attribution de primes au profit des anciens actionnaires d'une Société et non au profit de cette Société qui augmente son capital serait un avantage soumis à vérification. Mais il n'en serait pas de même des jetons de présence alloués aux membres du conseil de surveillance d'une Société en commandite ; cette allocation n'est pas faite, en effet, à une personne déterminée, c'est la juste rémunération des services que rendront à la Société les personnes qui seront appelées à figurer dans un conseil et auquel chacun des associés peut espérer prendre place à son tour.

Au cas où il y aurait doute sur le caractère à attribuer à telle stipulation sera-ce à l'assemblée constitutionnelle à statuer? Non, certes, car l'assemblée générale des actionnaires n'a d'attributions que celles qui lui sont accordées par la loi; or, la loi ne lui confère que la mission d'approuver l'évaluation et le bien fondé des avantages particuliers stipulés par un associé. Mais, s'il y a des difficultés, si pour éviter la vérification d'une stipulation on lui conteste le caractère d'avantage, il s'agit alors d'un litige entre particulier et l'autorité judiciaire est seule compétente (1).

On discute sur le caractère à donner au traitement attribué au gérant dans une Société en commandite par actions, ou au directeur-administrateur dans une Société anonyme. Si pour le rémunérer de ses fonctions on attribue au gérant une part des bénéfices, il n'y a pas de doute, il s'agit bien là d'un avantage particulier soumis à vérification (2).

Mais la difficulté n'est pas aussi nettement tranchée, quand il s'agit d'un traitement fixe accordé au gérant. Certains auteurs défendent la négative (3), estimant qu'il y a là un salaire plutôt qu'un avantage, mais ne tenant pas compte que le plus souvent le premier gérant n'est autre que le fondateur de la Société qui, profitant de l'engouement qu'il a su donner aux souscripteurs, se fait nommer gérant dans les statuts, avec des appointements peut-être exagérés.

On ne saurait non plus soutenir que le gérant, a dans l'espèce, deux qualités bien distinctes. Il est associé, il est gérant, dit-on, et à ce dernier titre, employé qui consacre son temps et ses soins à la bonne marche des affaires de la Société et qui, a droit à une rémunération. Mais

(1) Cas. 18 déc. 1867 - D. 67 - 1 - 474.
(2) Bordeaux, 20 nov. 65 - S. 66 II - 119 - Agen, 7 juin 1879 D 79 II 247.
(3) S. 68 - 1 - 146 - Ruben de Couder, soc. en com. n° 120, Pont n° 977.

on ne saurait ainsi scinder, pour les besoins de la cause, deux qualités que la même personne a en elle. L'article 4 est formel : « Lorsqu'un associé... stipule à son profit des avantages particuliers », c'est-à-dire quand par suite de ces stipulations l'égalité dans la répartition des bénéfices n'est pas la même entre tous les associés, la première assemblée générale fait apprécier la cause des avantages stipulés (1).

En est-il de même pour les administrateurs ? La question de savoir si la stipulation faite à leur profit d'une allocation quelconque, part sur les bénéfices, traitement fixe, doit être considérée comme un avantage particulier soumis à la vérification, est très discutée. Sur ce point, trois systèmes sont en présence. Le premier, peu soutenu, veut que dans tous les cas il y ait lieu à vérification, sans qu'il n'y ait à faire aucune distinction.

Dans un deuxième système absolument opposé, la vérification ne devrait jamais avoir lieu (2). Dans un troisième système, enfin, on distingue suivant le mode de nomination des administrateurs. Les allocations accordées aux administrateurs nommés par les statuts sont sujettes à vérification, par cela seul qu'elles sont contemporaines de la constitution de la Société et qu'elles sont certainement un avantage particulier. Se trouve-t-on, au contraire, en présence d'administrateurs nommés par l'assemblée générale, cette assemblée a pu librement établir le taux de

(1) V. Houpin, J. des Soc. 1882 - 233.
(2) T. co. Seine, 4 avril 1887. Rev. des soc. 1887 p. 336. 16 mars 1887. J. des Soc. 1887, p. 206, 9 août 1882. J. des Soc. 1891, 53. Gaz. P. 82. II. 453.

l'allocation accordée aux administrateurs élus sans qu'i soit besoin d'aucune verification (1).

De ces trois systèmes ce dernier est certainement le meilleur, c'est le plus rationnel, car c'est celui qui observe le mieux la loi ; le législateur, en effet, veut qu'on vérifie les avantages particuliers quand ils sont stipulés par les administrateurs eux-mêmes, car le plus souvent ils sont tout disposés à exagérer leur mérite ou leur valeur, et se nommant eux-mêmes administrateurs dans les statuts qu'ils dressent, ils s'imposent en quelque sorte à la Société. Il faut donc de toute nécessité un contrôle sérieux sur les allocations qu'ils ont stipulés.

Au contraire, il n'y a pas lieu à vérification, quand c'est l'assemblée constitutive elle-même qui nomme les administrateurs, c'est elle qui les choisit, et elle est libre de leur donner telle ou telle rémunération. Du reste, s'il fallait faire une vérification, elle serait faite par l'assemblée constitutive elle-même ; il n'est donc pas utile d'insister.

§ I. — **Mission de la première Assemblée constitutive.**— Nous savons que dans le cas où des apports ont été faits ou bien des avantages particuliers stipulés l'article 4 de la loi de 1867 exige la réunion de deux assemblées.

La mission de la première assemblée est peu importante, elle se borne à ordonner des « mesures préparatoires » pour permettre à la deuxième assemblée de délibérer sur des données sérieusement établies. En conséquence, elle entendra les explications des fondateurs, elle

(1) Houpin n° 402. Lyon 1er août 1882. J. des Soc. 1884, p. 702.

ordonnera une expertise, ou nommera une commission
qui fera un rapport. Elle peut choisir les personnes chargées de l'expertise ou du rapport soit dans son sein, soit
ailleurs. Et même si la vérification est peu compliquée et
surtout lorsqu'il s'agit d'une Société peu importante, dans
laquelle la réunion des actionnaires est peu nombreuse,
elle peut y présider elle-même. Certains auteurs (1) disent
bien que la loi semble prescrire obligatoirement la nomination d'une commission pour faire un rapport, et que la
première assemblée ne saurait faire elle-même la vérification. Mais on peut répondre victorieusement (2) à ces
auteurs que ce que la loi a voulu, c'est éviter une décision
définitive prise par la première assemblée, laissant cette
assemblée absolument libre du choix et de l'exécution des
mesures à prendre.

Alors même que la vérification serait très simple et que
les actionnaires réunis dans cette première assemblée se
déclareraient très suffisamment éclairés, ils ne peuvent
jamais, séance tenante, prendre une décision définitive, il
faut de toute nécessité la réunion d'une deuxième assemblée. Le rapporteur de la commission nommée pour présenter la loi de 1867 au Corps législatif a démontré, d'une
façon péremptoire, la nécessité de cette seconde assemblée. «La loi s'est, avec raison, défiée des entraînements de la
première heure. Il y a dans les Sociétés, comme en d'autres associations, une lune de miel dont les ardeurs peuvent être dangereuses si elles ne sont pas contenues. Une

(1) Beudant, Rev. crit. T. XXXVI, 141. Beslay et Lauras nº 424.
(2) Pont nº 990 et 991. Houpin, Traité, nº 418. Lyon-Caen et Renault nº 709.

première assemblée serait trop disposée, en général, là même où tous les éléments en seraient sincères, à tout accepter en aveugle. L'intervention d'une sorte d'expertise, la nécessité d'une convocation spéciale et de l'approbation d'une assemblée nouvelle, tout cela laisse aux esprits le temps de se calmer, à la vérité de se faire jour, et d'éviter ces regrettables surprises ». En somme, l'exagération et la fraude pourraient seules être lésées par ces sages précautions, nul intérêt sérieux et légitime n'en peut souffrir.

§ II.— **Mission de la deuxième Assemblée.** — La mission de cette assemblée est des plus délicates et des plus importantes ; il s'agit maintenant de prendre une décision, et, suivant cette décision, la Société sera ou ne sera pas, c'est donc une question de vie ou de mort. On comprend ainsi l'utilité des nombreuses précautions prises par le législateur dans l'article 4 de la loi de 1867 relativement à ces assemblées. La deuxième assemblée constitutive ne pourra statuer sur l'approbation de l'apport et des avantages qu'après qu'un rapport aura été rédigé soit par un expert nommé dans la première assemblée, soit par un des membres de la commission de contrôle qu'aurait pu nommer la première assemblée. Le rapport doit être le résumé aussi exact que possible des travaux de vérification qui ont pu être faits et doit contenir une appréciation sincère de la valeur des apports ou avantages.

Le rapport devra être imprimé afin d'en assurer

l'immuabilité, et être mis à la disposition des actionnaires cinq jours francs avant l'assemblée.

On adresse quelquefois le rapport à chaque souscripteur, mais cela n'étant pas requis par la loi, quoique fort utile, n'est pas indispensable, il suffit que le rapport soit tenu à la disposition des actionnaires, en un lieu déterminé qui sera indiqué par les avis de convocation envoyés ou insérés assez à temps.

Quand ce rapport imprimé a été présenté à l'assemblée des actionnaires et discuté, et qu'il ne s'est produit aucune réclamation, il est à présumer que chaque actionnaire n'a pas à se plaindre relativement à sa communication. Il est bon, pour éviter toute difficulté ou réclamation postérieure, d'insérer dans le procès-verbal de la séance que les actionnaires présents ont reconnu avoir eu régulièrement connaissance du rapport dans le délai légal.

L'assemblée ayant voté, si elle a approuvé les apports et avantages, dès cet instant la condition suspensive de la constitution définitive de la Société étant accomplie, la Société est formée, et l'adhésion des souscripteurs devient irrévocable.

L'assemblée refuse-t-elle au contraire son approbation, la Société est morte-née. L'engagement qu'avait pris chaque souscripteur n'a plus d'effet et chacun peut réclamer le remboursement des sommes qu'il a versées, sans être tenu de subir aucune retenue que les fondateurs pourraient être tentés de faire pour les frais qu'ils ont avancés. Ces dépenses faites par les fondateurs, pour arriver à constituer la Société, l'ont été à leurs risques et périls. Ils ne pourraient même pas arguer de ce que, dans les statuts, ils auraient inséré que les souscripteurs supporteraient les frais occasionnés par les annonces, les études; le vote de l'assemblée qui refuse l'approbation met à néant les statuts.

Réduction de l'évaluation des apports ou des avantages particuliers. — Mais l'assemblée paraissant disposée à refuser son approbation, les fondateurs peuvent-ils faire de nouvelles propositions en réduisant le chiffre de leurs prétentions? et l'assemblée peut-elle accepter cette modification? Et dans ce cas la majorité de l'article 4, al. 4, suffirait-elle? Ne faudrait-il pas au contraire l'unanimité des souscripteurs?

Lorsqu'une personne souscrit une action d'une Société qui se crée, il intervient entre elle et le fondateur une sorte de contrat, aux termes duquel cette personne ne sera définitivement liée qu'autant que l'assemblée générale approuvera les statuts de la Société, tels qu'ils sont exposés dans les propositions qu'on a pu lui faire.

D'un autre côté, la loi dit article 4 : « à défaut d'approbation la Société reste sans effet à l'égard de toutes les autres parties. » A première vue ce langage ne paraît admettre que deux solutions. Ou bien l'assemblée donnera son approbation et la Société sera fondée, et les engagements pris par les souscripteurs deviendront définitifs. Ou bien il n'y aura pas approbation et les souscripteurs seront déliés de leurs engagements. Il semble donc bien, a-t on dit, qu'il n'y a pas de place pour une solution mixte.

La majorité des actionnaires ne peut imposer à la minorité la constitution d'une Société dans laquelle la valeur
des apports n'est pas la même que celle qui était indiquée
au moment où ils ont souscrit. Leur souscription était
conditionnelle et n'admettait que deux hypotèses : approbation ou non approbation. Du moment que l'assemblée
approuve (il est vrai) les apports mais réduits, les termes
du contrat ne sont plus les mêmes et ils sont déliés, il y a
pour ainsi dire dans le vote intervenu qui abaisse la valeur des apports deux votes, le premier qui n'approuve pas;
par ce vote les souscripteurs sont déliés, mais aussitôt un
deuxième vote intervient qui admet les apports ou avantages, mais avec une diminution de valeur. On ne peut
pas dire que l'actionnaire qui n'a pas voté dans ce sens,
s'est abstenu ou encore qui n'était pas présent au vote est
engagé malgré lui dans ce nouveau contrat, intervenu
entre les actionnaires qui ont voté la réduction et les fondateurs.

M. Vavasseur, qui est partisan de ce système, conclut
ainsi (1) : « Si la majorité peut obliger la minorité, ce n'est
que dans les actes d'administration ; elle peut même,
sous certains rapports et dans certaines limites assez
étroites, modifier les statuts sociaux, ce n'est que lorsque
la Société est constituée ; mais à l'origine même, et alors
qu'il s'agit de former le contrat, il faut l'assentiment
unanime. La loi sans doute aurait pu conférer à l'assemblée générale le pouvoir d'accepter une modification dans

(1) Vavasseur n° 407 sq.

le chiffre des apports et des avantages particuliers ; mais elle aurait dû s'expliquer formellement, et elle ne l'a point fait. D'où je conclus, qu'en cas de refus d'approbation, la Société ne peut se constituer que du consentement unanime non pas seulement de l'assemblée, mais de tous les actionnaires sociaux. »

L'opinion contraire a de nombreux partisans et nous la préférons malgré l'excellent raisonnement de M. Vavasseur que nous venons de citer.

Les actionnaires peuvent, selon nous, à la simple majorité légale des voix, adopter les statuts et approuver les apports avec des évaluations réduites. Cette théorie est celle que l'on peut retrouver dans l'idée dominante du législateur de 1867.

Lors de la discussion de cette loi devant le Corps législatif, M. Javal (1) ayant fait observer que des termes de l'article 4 il semblait découler que la Société ne se constituerait pas, s'il n'y avait pas approbation pure et simple, et que les actionnaires, se mettant d'accord sur une évaluation réduite des apports ne pourraient adopter cette résolution à la simple majorité, avait proposé l'amendement suivant à la suite des mots : à défaut d'approbation la Société reste sans effet à l'égard de toutes les parties : à moins que les parties ne se mettent d'accord sur une évaluation différente.

Le rapporteur de la commission s'opposa à cet amendement, et après avoir fait remarquer que l'article 4 tel

_____

(1) Tripier I p. 499. Moniteur 1er juin 1867.

qu'il était rédigé n'empêchait pas les actionnaires de se mettre d'accord, il ajoutait : « La disposition qu'on propose à
la Chambre est inutile, car ce serait introduire dans la loi
une faculté de droit commun et qui appartient en matière
de Société en commandite comme en tout autre aux parties contractantes ».

Certains membres du Corps législatif ayant émis des
doutes sur le point de savoir si l'article 4 permettait le
vote de cet accord transactionnel à la majorité la
commission fit répondre par son rapporteur que l'unanimité n'était pas nécessaire.

L'interprétation d'une loi au moyen de ce qui a été dit
lors de sa confection n'est pas toujours des plus sûres.
Dans nos assemblées législatives il y a tellement de confusion parfois que l'on peut suspecter à juste titre l'interprétation d'une loi fondée uniquement sur le sens des débats
qui ont pu avoir lieu lors de sa confection. Et nous n'aurions pas adopté l'opinion que nous soutenons si nous
n'avions eu d'autres raisons à invoquer.

La réduction de l'évaluation des apports ou des avantages particuliers ne constitue pas, comme ont essayé de le
soutenir nos adversaires, un contrat nouveau qui est imposé
par la majorité à la minorité. La personne qui souscrit le
fait sous condition suspensive si l'ont veut ; mais cette
condition est celle de la vérification préalable des apports
et avantages particuliers, faite par les assemblées constiti-
ves. Et lorsqu'on invoque l'article 4 qui dit « à défaut
d'approbation » il ne faut pas comprendre : d'approbation
pure et simple ; mais d'approbation raisonnée.

BIBLIOTHÈQUE NATIONALE
R.F.

7

Et, au surplus en, admettant le système absolu de M.
Vavasseur, ne risquerait-on pas de tomber dans un inconvénient assez grave. Les évaluations que font les apporteurs sont en général plutôt larges, si l'assemblée n'a que
deux alternatives : approbation ou rejet avec mise à néant
de la Société que l'on veut fonder, elle pourra reculer
devant une extrémité aussi grave et, à cause des frais déjà
faits, approuver malgré une exagération plus ou moins
importante.

La minorité n'est-elle pas intéressée d'autre part à voir
réduire les apports à leur juste valeur ? Les actionnaires
qui la composent ont eu connaissance ou du moins ils
ont pu prendre connaissance du rapport ; ils auraient pu
venir à l'assemblée ou se faire représenter, ils ne l'ont
pas fait, c'est qu'ils se sont désintéressés de la question,
et qu'ils ont adopté d'avance ce qui serait fait par l'assemblée.

Si l'on objecte encore qu'au cas où la réduction est
considérable, la Société change de caractère, et que dans
ce cas la minorité n'est plus obligée de suivre encore la
majorité, nous répondrons que cette hypothèse est exces-
sivement rare et que l'on peut difficilement se faire idée
d'une majorité réduisant à ce point les apports, ce qui
serait dangereux pour tous, plutôt que d'abandonner
toute idée de Société, en rejetant purement et simplement
les apports faits.

MM. Lyon-Caen et Renault (1),qui admettent la théorie

(1) L. C. R. p. 522 n° 717.

que nous venons de présenter,disent en terminant l'exposé des motifs qui amènent leur décision : « En exigeant l'unanimité, on permettrait à l'entêtement ou à la malveillance d'un seul actionnaire de faire manquer un arrangement sérieux et utile. » Les statuts ne pourraient guère prévoir le cas pour éviter toute discussion, car s'ils déclaraient que l'assemblée peut réduire l'évaluation des apports ou l'importance des avantages particuliers, les souscripteurs mis en défiance s'abstiendraient (1).

§ III. — **Sanction du défaut de Vérification.** — A défaut de vérification des apports et avantages particuliers la Société est nulle.

La nullité serait aussi encourue au cas où le rapport dont parle l'article 4 n'aurait pas été fait ou n'aurait pas été mis à la disposition des actionnaires dans les délais voulus. Quand la nullité est ainsi prononcée les sommes versées par les souscripteurs leur sont remboursées et les frais faits restent à la charge des fondateurs.

§ IV.— **Cas où les apports ne sont pas soumis à Vérification.** — On sait quels motifs ont poussé le législateur lorsqu'il exigea la vérification des apports, mais il peut arriver un cas où ces motifs n'existent plus, c'est celui prévu par l'article 4 *in fine* de la loi de 1867 qui dispose qu'il n'y a pas lieu à vérification « quand la Société à laquelle est fait l'apport est formée entre ceux seulement

_____

(1) Houpin, Traité n° 422. Beudant, Rev. int. t. 36, p. 144. Mathieu et Bourguignat n° 48. Ruben de Couder, soc. en com. n° 143.

qui en étaient propriétaires par indivis ». Sans cette disposition, fort heureusement intervenue, une Société n'aurait jamais pu se former entre propriétaires par indivis.

Mais en dehors de cette justification pratique de la disposition finale de l'article 4, il est possible d'en fournir une autre plus importante. Et, en effet, en considérant bien l'intérêt de chacun des membres de la Société on s'aperçoit qu'il est identique pour chacun. L'exagération on l'avilissement de leur apport commun ne profitera ou ne nuira qu'à eux. Lorsqu'ils se sont mis en Société ils savaient fort bien ce qu'ils faisaient et, à ce moment, chacun d'eux a dû suffisamment examiner son intérêt pour que la loi n'ait pas à intervenir.

On s'est demandé, au cas où des personnes propriétaires individuellement de divers biens meubles ou immeubles s'associeraient en apportant à la nouvelle Société leurs biens, s'il y aurait lieu à une vérification des apports ? Ou bien si, au contraire, on devrait appliquer la disposition finale de l'article 4 ?

La nécessité de la réunion des assemblées constitutives pour vérifier les apports dans ce cas a été soutenue par d'éminents auteurs. Car, disent-ils, les motifs mêmes de l'exception de l'article 4 *in fine* doivent conduire à appliquer le principe toutes les fois que la vérification des apports en nature par l'assemblée générale est possible. Chacun des actionnaires ou chacun des groupes d'action-naires dont l'apport n'est pas en question peut prendre part successivement au vote et examiner avec impartialité

l'évaluation donnée dans les statuts aux apports (1). Du
reste, le danger que la loi a voulu éviter en prescrivant la
vérification se retrouve ici tout entier. Si cette vérification
est supprimée quand il s'agit de copropriétaires par
indivis, c'est qu'on se trouve en présence de personnes
qui ont le même intérêt, chacune d'elle se trouve vis-à-
vis des autres dans une situation identique, et alors que
leur importe que la chose apportée ait plus ou moins de
valeur, puisque la quote-part qui détermine la portion de
chacune d'elle ne variera pas. Au contraire, au cas de
Société fondée uniquement avec des apports, mais dont
chaque apporteur est propriétaire individuellement, ou
lorsqu'il s'agit de deux Sociétés qui fusionnent, l'utilité de
la vérification se fait sentir à nouveau car on se trouve
en présence de personnes ou de Sociétés dont les intérêts
sont opposés et qui feront tout leur possible pour faire
donner l'évaluation la plus forte à leurs apports.

Pour nous, au contraire, la disposition exceptionnelle
de l'article 4 *in fine* peut fort bien s'appliquer à notre
hypothèse, car il faut considérer l'article dans son ensemble. Sans revenir sur la discussion que nous avons soutenue relativement à l'admission des apporteurs dans
l'assemblée constitutive, qu'il nous suffise de rappeler le
paragraphe de l'article 4 qui régit la matière : « Les associés qui ont fait l'apport ou stipulé les avantages particuliers n'ont pas voix délibérative. » Nous croyons avoir
démontré (supra) que cette disposition excluait les appor-

(1) Lyon-Caen et Renault, n° 718, V, note Labbé et L. C. R., dans S., 1877. T. II
1. S., 1881. 1. 5.

teurs de tous les votes relatifs aux apports, même de ceux dans lesquels il ne s'agissait pas d'eux-mêmes. Ce qui conduit nécessairement à l'impossibilité absolue de la constitution des Sociétés dans lesquelles il n'y a pas de capital souscrit si l'on exige une vérification. Il fallait donc que le législateur prit soin de nous dire par quels moyens il comptait rendre possible la constitution des Sociétés dans le cas qui nous occupe. Deux moyens se présentaient à lui. C'était de dire par exemple que les actionnaires ne seraient exclus qu'à tour de rôle de l'assemblée, au moment où l'on s'occuperait de leurs apports, et ce moyen il ne l'a pas employé, ou bien de dire, et c'est ce que nous prétendons qu'il a fait, que la vérification était inutile.

Voilà donc deux dispositions de l'article 4 qui bien, comprises, ont un sens bien précis. L'exception prévue par l'article 4 *in fine*, ne s'applique bien qu'à un cas, celui où une Société est fondée uniquement avec des apports en nature, sans qu'il y ait de capital en numéraire souscrit par d'autres que par les apporteurs eux-mêmes.

On pourrait nous objecter, il est vrai, que l'exception prévue par l'article 4 dans sa partie finale est plus spéciale et ne peut s'appliquer que lorsqu'il s'agit de propriétaires par indivis, et que précisément le caractère exceptionnel de cette disposition ne permet pas de l'étendre en dehors du cas prévu. Mais est-ce bien une disposition limitative? Dans le rapport de la commission qui a présenté le texte de la loi nous voyons que la disposition présente n'a été insérée qu'à titre d'exemple, laissant bien entendre qu'il y avait d'autres exceptions utiles et nécessaires (1).

On ne pouvait d'ailleurs pas, comme l'a indiqué le rapporteur de la commission, établir une règle générale qui comprit toutes les hypothèses dans lesquelles il n'y a pas besoin de faire appel aux capitaux étrangers.

Pour nous, donc, l'exception de l'article 4 *in fine* ne doit pas être restreinte au cas prévu, il faut l'étendre à à tous les cas analogues, c'est-à-dire toutes les fois (et nous le répétons), qu'une Société s'est fondée uniquement avec des apports en nature sans qu'il y ait eu de capital souscrit.

On ne pourrait même pas soutenir que notre solution lèse un intérêt quelconque. Car, en somme, quel but a recherché le législateur lorsqu'il a prescrit la vérification des apports par les souscripteurs, éviter que les souscripteurs qui n'avaient pas assisté à la confection des statuts fussent liés définitivement sans avoir pris, d'une façon plus intime, connaissance de ces statuts qu'ils n'ont vu que sur des prospectus plus ou moins habilement rédigés et plus ou moins alléchants. Au contraire, lorsque plusieurs personnes mettent en commun leurs biens meubles ou immeubles pour fonder une Société, chacune d'elle sait très bien ce qu'elle fait.

D'autre part, ces Sociétés ne se forment qu'entre personnes peu nombreuses qui peuvent, avant de s'entendre définitivement, se rendre compte de ce que vaut l'apport

(1) Vavasseur, n° 436.

fait par leur futur coassocié. Lorsqu'elles s'engagent elles sont exactement renseignées, et il n'est plus utile de vérifier les apports. Il n'y a pas d'actionnaires qui puissent être trompés, chacun a concouru à la constitution de la Société. La création de la Société est ramenée à la confection d'un simple contrat, et elle n'est définitive que par l'accord des parties. Et alors en adoptant pour un moment la théorie qui n'admet pas l'exclusion absolue des apporteurs du vote sur les apports, ne serait-il vraiment pas ridicule d'obliger ainsi ces actionnaires qui ont fait le contrat qui les lie, qui y ont apporté leur libre consentement après discussion, à tenir deux assemblées par pure forme, dans lesquelles ils sanctionneraient, sans même y porter attention, les engagements qu'ils auraient pris.

Au cas où deux Sociétés fusionnent nous en dirons autant. Avant tout il faut qu'il y ait eu une décision de chacune des deux relativement à la fusion ; il faut donc qu'il y ait eu délibération dans chacune des Sociétés réunies en assemblée générale extraordinaire et dans cette assemblée l'actif de la Société, avec laquelle on va s'associer, a certainement été examiné, ses livres ont dû être examinés, des inventaires ont eu lieu ; et ce n'est que lorsque l'assemblée aura jugé bon de procéder à la fusion, et qu'un vote sera intervenu à ce sujet, que cette fusion aura lieu.

La vérification a donc eu lieu au moment où elle devait se faire raisonnablement, c'est-à-dire avant qu'aucun acte définitif ne soit intervenu entre les deux Sociétés.

La théorie que nous soutenons est, du reste, celle qui est admise par la jurisprudence ; la Cour de la Réunion, à laquelle la question avait été soumise, l'a résolue en ce sens, et la Cour de Cassation a consacré cette décision (1).

Le fonds social de la Société qui avait été créé était uniquement constitué par l'apport de l'actif de deux Sociétés en nom collectif qui avaient fusionné, et aux actionnaires desquelles on avait simplement distribué des actions nouvelles. Il n'y avait pas eu de souscription de capital. Les apports respectifs des deux Sociétés n'avaient pas été approuvés comme le prescrit l'article 4, et la décision de la Cour d'appel avait sanctionné ce qui avait été fait.

Appliquant à notre tour les principes que nous avons formulés et nous inspirant de la décision de la Cour de cassation, nous pouvons dire qu'au cas où les actionnaires anciens eussent versé un capital nouveau pour faciliter le fonctionnement de la Société, la vérification n'aurait pas été davantage nécessaire.

Sous l'empire de la loi de 1867 les fondateurs d'une Société dont les apports n'avaient pas été vérifiés par suite de l'exception de l'article 4 *in fine*, et qui s'étaient attribués de nombreuses actions, en représentation de leurs apports plus ou moins sérieux, pouvaient se procurer le bénéfice immédiat de leur spéculation (pour n'employer

(1) C. de la Réunion 19 juin 1876. D. P. 78, 2, 201, note. J. Pal. 77, 3. 79. Cas. 26 avril 1880. S. 1881, 1, 5. D. P. 1880, 1, 268, note.Contr. de M. Labbé. Cour de Paris, 20 mars 1891. J. des Soc. 1892-78. C. de Paris, 14 janvier 1891. J. des Soc. 1891. Sic. Vavasseur n° 416, 437 à 439.

que ce mot) en vendant aussitôt les titres dont ils étaient possesseurs. Leurs acheteurs qui, le plus souvent, avaient été séduits par l'annonce d'un dividende alléchant, se trouvaient ordinairement, dès le premier exercice, dans le plus grand embarras. La loi de 1893 dans son article 2 modifiant l'article 3 de la loi de 1867 est venue apporter une entrave à cette fraude. « Les actions représentant des apports devront toujours être intégralement libérées au moment de la constitution de la Société. Les actions ne peuvent être détachées de la souche et ne sont négociables que deux ans après la constitution définitive de la Société.» Et la loi indique ensuite les moyens pratiques d'assurer l'observation de la règle qu'elle vient de poser.

Nous ne nous étendrons pas davantage sur cette disposition de la loi de 1893, qui sort du cadre que nous nous sommes tracés (1).

§ V. — **Fraudes à la règle de la vérification des apports**. — Une Société ne fonctionne pas sans fonds de roulement; lorsqu'il en aura été fondée une par des personnes qui n'auront fourni à l'actif social que des apports en nature, l'absence d'un capital en numéraire ne tardera pas à se faire sentir. Si les associés ont majoré leurs apports, et si en conséquence ils ont tout lieu de craindre une vérification, ils chercheront à se procurer de l'argent sans avoir recours à une émission d'actions. Le moyen le plus simple qui s'offrira à eux est une émission d'obliga-

(1) V. les détails sur cette question dans le Commentaire de M. Bouvier-Bangillon, p. 131. Lyon-Caen et Renault, T. II appendice n° 21, s. q.

tions. La loi française n'a malheureusement pas encore prévu et réglementé la réunion d'assemblées d'obligataires, ce qui laisse ces derniers à la merci des actionnaires.

Mais s'il est démontré que l'on a procédé à une émission d'obligations uniquement pour éviter une vérification gênante, cette manœuvre, qui constitue au premier chef une fraude à la loi, pourra être déjouée, et les intéressés seront en droit de faire déclarer la nullité de la Société comme ayant été irrégulièrement et frauduleusement constituée (1).

Approbation des apports frauduleusement évalués.— S'il y a eu simple majoration des apports et des avantages particuliers, sans manœuvre frauduleuse pour faire croire à la réalité de ces valeurs, la décision de l'assemblée générale approuvant ces apports ou avantages est définitive et souveraine. La constitution des Sociétés ne peut être mise légèrement en question, si les actionnaires se sont trompés par suite d'une appréciation trop rapide ou d'un rapport fait par une personne incapable, mais sincèrement et loyalement rédigé, ils n'ont à s'en prendre qu'à eux-mêmes sans pouvoir demander la nullité de la Société. Ces principes, qui ne sont que l'application du droit commun, sont appliqués par la jurisprudence (2).

Il en serait autrement au cas de fraude et l'article 4 § 7 de la loi de 1867 dit formellement : « L'approbation, ne fait

_____

(1) Seine 5 août 1885, Rev. soc. 1885. p. 828. Houpin n· 412. Vavasseur n· 415
(2) Vavasseur n· 460. Cas. 20 novembre 1888, S. 1891. 1. 12.

pas obstacle à l'exercice ultérieur de l'action qui peut être intentée pour cause de dol ou de fraude ». Par conséquent, si les apporteurs avaient eu recours à des manœuvres frauduleuses pour faire approuver leurs apports avec une évaluation exagérée, la nullité de la délibération de l'assemblée pourrait être demandée, et si elle était obtenue, ce serait en même temps la nullité de la Société elle-même qui serait prononcée.

Au cas où les premiers souscripteurs, s'étant entendus avec les fondateurs, auraient voté l'approbation des apports majorés afin de tromper les acheteurs en mains de qui ils voudraient se débarrasser de leurs titres, cette approbation donnée en assemblée générale, même régulièrement tenue, ne saurait être opposée comme fin de non recevoir. Et dans ces conditions le juge du fond serait en droit de modifier les évaluations frauduleusement approuvées, et aller jusqu'à accorder une réparation du préjudice causé, en octroyant aux acquéreurs d'actions des dommages-intérêts (1).

Législation étrangère relativement aux apports et avantages particuliers. — Les lois étrangères réglementent toutes les apports et avantages particuliers, et presque toutes ont emprunté, en y apportant le plus souvent d'heureuses modifications, une grande partie de leurs dispositions à la loi française du 24 juillet 1867.

Le Code hongrois exige la publication dans les prospectus, avant la souscription des actions, de la nomencla-

(1) Cas. 19 février 1889, S. 1892-1-406.

ture des apports en nature, avec leur évaluation, une seule assemblée générale suffit pour en opérer la vérification.

En Italie, la loi contient à peu près les mêmes prescriptions et essaie d'éviter, autant que possible, les abus et les fraudes en exigeant pour l'existence légale d'une Société anonyme l'intervention du Tribunal civil.

Le Code belge prescrit aussi la mention dans le bulletin de souscription des apports et des avantages particuliers. Une assemblée de souscripteurs est tenue devant notaires, et elle décide si la Société est constituée ou non ; elle peut, mais cela n'est pas exigé par la loi, examiner l'évaluation des apports.

Le Code suisse ne contient qu'un article sur la question, il exige que tout apport ou avantage particulier soit indiqué dans les statuts, avec l'indication de leur prix exact, et qu'une assemblée générale convoquée après la souscription intégrale du capital les approuve.

Enfin, le Code allemand modifié en 1884 a, dernier venu dans le domaine de la législation qui nous occupe, profité des expériences faites par ses différents voisins et prescrit diverses règles empruntées un peu à tous les Codes.

L'acte de Société doit contenir l'énonciation des apports et avantages particuliers, avec leur évaluation en argent ou en action. A peine de nullité cette énonciation doit être répétée dans le bulletin de souscription. Les fondateurs et apporteurs doivent justifier leurs évaluations ou leurs stipulations avec pièces à l'appui.

Enfin, ce Code a imaginé une sorte d'état civil des Sociétés en exigeant l'inscription de la Société qui se fonde sur un registre tenu au Tribunal de commerce, avec déclaration signée des fondateurs et mention des actes concernant les biens apportés. Et chose à noter, le Code allemand a prescrit ces formalités sévères mais justes même dans le cas où il n'y a pas souscription publique.

Art. III.— L'Assemblée générale constitutive pourrait-elle réduire le capital social au montant du capital souscrit ?

La loi exige la souscription intégrale du capital souscrit pour qu'une Société puisse se former ; mais si le capital n'est pas souscrit entièrement, les souscripteurs peuvent-ils, avec l'assentiment des fondateurs, réduire le capital social au chiffre du capital souscrit ? (1) Si les statuts n'ont pas prévu le cas, l'assemblée ne peut voter la réduction du capital qu'à l'unanimité. Avant la constitution de la Société, il n'y a pas, en effet, de cohésion entre actionnaires formant un tout, une personnalité, indépendante de chacun d'eux, il n'y a encore que des souscripteurs, qui se sont liés sous condition, individuellement, envers les fondateurs. La simple majorité de ces souscripteurs ne peut donc imposer à la minorité aucune décision qui modifie les conditions dans lesquelles ils se sont engagés (2).

(1) Seine, 16 juin. S. 1877-II-1. — 26 avril 1880. S. 1881-1-5. D. P, 1880-1-268 note. Req. 9 novembre 1887. S. 1888-1-202.

(2) C. Paris, 24 mars 1859. D. P. 1859-2-46. Vavasseur n° 388 s. q. Lyon-Caen et Renault 691, Houpin n° 368. — Wahl-Aug. de cap. n° 43. — Cas. 10 avril 1889. R, S. 1889, 386.

Mais cette majorité, pour régulariser la situation, n'aurait qu'à donner son adhésion à la Société constituée avec un capital réduit, il suffirait par exemple que chaque souscripteur signât le procès-verbal de la réunion et que ce procès-verbal fut annexé à la déclaration notariée. Seuls, ceux qui auraient pris ce nouvel engagement, seraient tenus ; les autres souscripteurs auraient le droit de réclamer le remboursement de ce qu'ils auraient versé puisque leurs souscriptions étaient subordonnées à la condition de la souscription intégrale du capital social.

Comme il n'est pas commode de réunir l'unanimité des souscripteurs, pour décréter la réduction du capital social au chiffre du capital souscrit, les statuts ne pourraient-ils, prévoyant le cas, décréter valablement que la simple majorité suffirait ? L'affirmative est généralement admise. La loi défend bien la constitution de Société avant la souscription intégrale du capital ; mais ici tout se passe avant cette constitution.

De plus, le souscripteur qui fait partie de la minorité qui n'a pas voté la réduction ne peut dire qu'il n'est pas tenu, car lors de sa souscription il a pris connaissance des statuts, il a vu la clause autorisant la simple majorité de l'assemblée à réduire le capital social au montant du capital souscrit. Et de même qu'il ne peut aller à l'encontre de cette majorité quand elle vote l'approbation des apports ou des avantages particuliers, vote aussi grave sinon plus que celui sur la réduction, de même il doit se fier à cette majorité quand elle vote la réduction du capital social. Qu'il ne se plaigne pas de cette situation, il a eu

connaissance de sa possibilité par les statuts, et s'il a
souscrit, il a accepté par ce fait même une réduction éventuelle du capital social au chiffre du capital souscrit.

Art. IV.— Nomination des premiers organes de la Société

a) **Société en commandite. — Nomination du premier Conseil de surveillance.** — Le conseil de surveillance est composé au moins de trois personnes choisies
par les actionnaires parmi eux, pour contrôler les opérations du gérant ; il est comme un contre–poids aux
pouvoirs de ce dernier.

L'article 5 de la loi de 1867 dit qu'aussitôt après la
constitution de la Société il est nommé un conseil de
surveillance, et qu'aucune opération sociale ne pourra
être faite avant cette formalité ; le premier conseil n'est
nommé que pour un an, les autres peuvent l'être pour un
délai plus long librement déterminé par les statuts.

Faudra-t-il réunir pour la nomination de ce conseil
une troisième assemblée générale constitutive ?

Deux réunions ont déjà eu lieu quand il y a eu des
apports en nature ; cette troisième assemblée sera absolument inutile, et la nomination du conseil de surveillance
pourra avoir lieu aussitôt après le vote sur la constitution définitive de la Société dans la même assemblée.

Pour éviter les surprises il sera bon que, conformément
à ce que nous avons dit plus haut, l'avis de convocation
porte qu'il sera procédé à la nomination du conseil.

Nous n'avons pas dit que l'assemblée constitutive avait
à nommer le gérant, car le plus souvent les fondateurs
en ont désigné un dans les statuts ; il est évident qu'au
cas où ils ne l'auraient pas fait, l'assemblée aurait pour
premier devoir de procéder à sa nomination.

L'assemblée générale peut avoir par inadvertance procédé à la nomination du conseil de surveillance avant
d'avoir statué sur les apports, faut-il, comme le voudrait
un auteur (1), dire que la Société est nulle en vertu de
l'article 7 de la loi de 1867 ?

Il est incontestable qu'il est plus logique de se conformer à la disposition de l'article 5 § 2, mais il faut savoir
interpréter sainement la loi. L'article 7 déclare nulle une
Société dans laquelle toutes les formalités voulues par la
loi n'ont pas été remplies, mais il ne s'inquiète nullement
de l'ordre indiqué par l'article 5 § 2 qui n'a certainement
été formulé que comme mention de ce qui se fait habituellement.

b) **Sociétés anonymes. — Nomination des administrateurs. —** Les fondateurs désirant parfois garder au début
la direction de la Société ou voulant, pour assurer son bon
fonctionnement, la laisser aux mains de personnes habiles,
désignent dans les statuts les administrateurs. Par leur
souscription, les actionnaires approuvent tacitement ce
choix ; mais pour apporter une entrave à cette situation
qui pourrait amener des abus, les administrateurs ainsi
désignés n'exercent leur pouvoir que pendant trois années,

_____

(1) Beslay et Lauras 540.

si les statuts contiennent une stipulation formelle que leur nomination ne sera pas soumise à l'approbation de l'assemblée générale.

Cependant, en principe, le soin de la désignation des administrateurs est laissé à l'assemblée constitutive, dans ce cas leurs pouvoirs sont de plus longue durée, six ans (art. 25). Ce délai est le même au cas où les administrateurs désignés par les statuts ont eu leur mandat confirmé par l'assemblée.

La loi ne fixe pas le nombre des administrateurs, il peut n'y en avoir qu'un seul, mais le plus ordinairement il y en a plusieurs ; ils forment alors un conseil d'administration et nomment l'un d'eux comme président. Les statuts fixent habituellement un maximum et un minimum pour le nombre des administrateurs.

La loi de 1867 exige que les administrateurs aient en leur possession un certain nombre d'actions déterminé par les statuts. Ces actions devront être nominatives, inaliénables et frappées d'un timbre indiquant leur qualité. Pour que la nomination d'un administrateur soit valable il faut donc, outre l'acceptation de l'associé nommé, qu'il ait en sa possession le nombre d'actions fixé par les statuts. La jurisprudence décide que la nomination d'une personne qui ne possède pas le nombre voulu d'actions ou qui même n'a pas du tout d'actions ne frappe pas la Société de nullité, si postérieurement à sa nomination, mais dès qu'elle en a connaissance, cette personne a aussitôt et avant d'entrer en fonctions, acquis le nombre d'actions exigé et qu'elle s'est conformée à la loi, en les faisant frapper du timbre et en les déposant à la caisse de la Société (1).

Au cas où dans les statuts on aurait omis de fixer le nombre d'actions que devaient posséder les administrateurs, la Société ne serait pas nulle, il suffirait alors pour que la loi fut respectée que l'administrateur possédât au moins une action. L'assemblée qui nomme l'administrateur devrait, selon nous, remédier aussitôt à ce silence des statuts en fixant elle-même le nombre de ces actions.

Nomination des Commissaires de surveillance.— Les commissaires de surveillance sont chargés de présenter aux assemblées générales ordinaires un rapport sur le bilan annuel et sur les comptes dressés par les administrateurs (art. 32, loi de 1867). A la différence des administrateurs les commissaires de surveillance sont toujours nommés par l'assemblée constitutive ; il va de soi, en effet, que la loi ne pouvait laisser aux fondateurs le droit de nommer les premiers administrateurs, et en même temps ceux qui devaient les surveiller. Cette disposition de la loi est trop sage et trop prudente pour que nous insistions. Ces commissaires ne sont nommés que pour un an, chaque année l'assemblée qui doit se réunir procède à leur élection.

La loi ne s'est pas préoccupée d'en fixer le nombre, généralement on en nomme trois pour parer aux événements imprévus : démissions, décès. Cependant il peut

(1) Paris **12** décembre **1889.** Cour Seine **25** juin **1894.** J. des Trib. de c. p. 264 nº **13.076.**

arriver soit que l'assemblée ait négligé de nommer les commissaires, soit que ceux-ci aient tous démissionnés, ou soient tous décédés, la présence d'un commissaire au moins étant nécessaire pour assurer la validité de la réunion de l'assemblée chargée d'approuver la gestion des administrateurs, il est pourvu à leur remplacement par le président du Tribunal de commerce du lieu de la Société sur la demande d'un des intéressés.

Moment où la constitution de la Société est définitive. — Les différentes formalités que nous venons de voir, accomplies, la Société est constituée. On peut se demander cependant si parmi ces formalités il n'en est pas d'essentielles qui, à elles seules, assurent la constitution définitive de la Société. On peut se demander, en un mot, à quel moment précis la Société est définitivement constituée.

La loi française, contrairement à certaines lois étrangères, n'a pas fixé d'instant précis à partir duquel la Société est constituée, mais on doit admettre sans difficulté que la Société sera définitivement constituée du moment où l'assemblée constitutive a, les conditions posées par la loi étant remplies, nommé les administrateurs, et que ceux-ci ont accepté et commencé à remplir leurs fonctions.

Législation étrangère. — Nous avons très peu de chose à dire sur les dispositions des lois étrangères relativement aux administrateurs. Toutes exigent la nomination d'administrateurs tant ils sont nécessaires pour assurer la marche de la Société ; elles ne diffèrent que sur la durée qu'elles accordent à leurs fonctions.

Mais toutes les lois étrangères ne demandent pas la nomination de commissaires de surveillance, notamment les lois anglaises et espagnoles.

SECTION II

Assemblées générales ordinaires

La loi du 24 juillet 1867 exige implicitement pour les Sociétés en commandite par actions (art. !0) et formellement pour les Sociétés anonymes (art. 27) la tenue d'une assemblée générale chaque année. Elle ne se préoccupe pas de l'époque de la réunion, et laisse les statuts libres de la fixer souverainement. Ces assemblées périodiques et régulières sont comme nous le savons déjà, appelées ordinaires.

On peut diviser en deux catégories les délibérations que doivent prendre les assemblées ordinaires. Les unes portent sur l'organisation de la Société, sur le remplacement et la révocation du personnel administratif, les autres portent sur l'administration même, sur l'examen des comptes sociaux, la mise au porteur des actions nominatives, etc.

Les statuts étendent quelquefois les pouvoirs des assemblées générales ordinaires en leur accordant compétence relativement à des décisions dont une assemblée générale extraordinaire seule aurait le droit de connaître. Ces questions sont aussi variables que les statuts eux-

mêmes ; ne pouvant entrer dans l'examen de toutes les
combinaisons que peuvent imaginer les rédacteurs d'un
contrat social, nous ne nous occuperons pas ici de ces
questions.

Art. I. — Pouvoirs des assemblées ordinaires quant à l'administration de la Société.

§ I. — L'assemblée générale ordinaire a, comme principale mission, d'entendre le rapport des administrateurs
(Sociétés anonymes) ou les explications du gérant (Sociétés
en commandite, d'entendre aussi le rapport des commissaires, ou du conseil de surveillance, et enfin
d'approuver le bilan et les comptes, ainsi que de fixer le
chiffre des dividendes à distribuer.

Cette audition de rapports, ou cette appréciation de
comptes ne sont pas et ne doivent pas être de simples formalités, l'intérêt de la Société l'exige. Nous avons vu (1)
comment le législateur a tenu à assurer un contrôle
sérieux et un vote émis dans les meilleures conditions, en
exigeant avant l'assemblée certaines communications de
pièces aux actionnaires.

L'assemblée générale réunie, il est procédé à la lecture
du rapport soit du conseil de surveillance, soit des commissaires, après l'accomplissement des diverses formalités
exigées par la loi ou par les statuts, telles que : appel,
formation de bureau, feuille de présence, etc. Le législa-

(1) Supra p. 49.

teur de 1867 considère la lecture du rapport des commissaires comme si importante que dans l'article 32 il dispose
que « les délibérations contenant approbation du bilan et
des comptes est nulle, si elle n'a été précédée du rapport
des commissaires ». Rien de semblable n'ayant été édicté
pour les Sociétés en commandite relativement à la lecture du rapport du conseil de surveillance, qui cependant
présente le même intérêt que celle du rapport des commissaires, nous sommes amenés à nous demander si en
présence des mêmes motifs de décider il ne faut pas étendre aux Sociétés en commandite la disposition rigoureuse
de l'article 32 ? En un mot, faut-il déclarer nulle la délibération d'une assemblée ordinaire d'une Société en commandite dans laquelle le rapport du conseil de surveillance
n'aurait pas été lu ?

En principe, les nullités prononcées par le législateur
sont de droit étroit, on ne doit pas étendre une nullité
d'un cas à un autre, bien que semblables, et nous devrions
déclarer que la nullité n'est pas encourue.

Cependant si l'article 10 s'exprime seulement en ces
termes : « Ils (les membres du conseil de surveillance)
font chaque année à l'assemblée générale un rapport dans
lequel ils doivent signaler les irrégularités et les inexac-
titudes qu'ils ont reconnues dans les inventaires... » ; et
si dans cet article on ne trouve aucune sanction pour le
cas où la règle qu'il contient ne serait pas observée, la
lecture du rapport du conseil de surveillance est assez
importante pour que son absence entraîne la nullité de
la délibération, s'il est démontré que les actionnaires

n'auraient pas voté comme ils ont fait s'ils avaient connu la véritable situation de la Société.

En somme la différence qu'il y a entre l'article 32 (Sociétés anonymes) et l'article 10 (Sociétés en commandite), différence assez importante et qui comme toutes celles que nous avons déjà signalées, ou que nous indiquerons, ne s'explique pas, consiste en ce que pour les Sociétés anonymes le simple défaut de lecture du rapport des commissaires fera déclarer nulle la délibération intervenue, tandis que pour les Sociétés en commandite il faudra en outre démontrer que les actionnaires ont été induits en erreur.

§ II. — **Effets du vote approuvant les comptes**. — Le vote approuvant le bilan et les comptes présentés à l'assemblée générale par le gérant ou les administrateurs, vaut quitus à leur égard. Mais il est cependant à noter que cette décision de l'assemblée n'est, après tout, que l'un des éléments d'une sorte de convention passée entre elle et les gérants ou administrateurs, convention par laquelle ceux-ci sont déchargés de la reddition de leurs comptes pour l'année qui vient de s'écouler. Il pourrait donc se faire, en supposant réunies toutes les conditions requises pour la validité de l'assemblée, que des erreurs se soient glissées dans les comptes que l'assemblée a examinés, et alors le vote émis ne serait pas définitif, les actionnaires réunis à nouveau pourraient revenir sur leur décision et, en attendant cette nouvelle décision, l'action individuelle des actionnaires demeurerait ouverte (1). Il en serait de même à plus forte raison si au lieu d'une erreur involontaire il s'agissait de pièces de comptabilité faussées, de rapports mensongers.

Si, au contraire, l'approbation émane d'une assemblée générale d'actionnaires, régulièrement constituée et ayant voté en connaissance de cause, le vote émis est définitif et lie tous les actionnaires qui ne peuvent plus désormais exercer aucun recours individuel à l'encontre des rendant comptes.

§ III.— **Cas où le dividende fixé par l'assemblée est exagéré**.— L'erreur qui vicie la délibération de l'assemblée peut porter sur une attribution exagérée de dividende. Les actionnaires ayant touché leurs dividendes, peut-on, lorsqu'on se sera aperçu de l'erreur, venir leur réclamer ce qu'ils ont touché en trop, voire même le tout, si les bénéfices de la Société ont été nuls en réalité.

La conséquence logique des principes que nous avons posés amènerait nécessairement la réunion d'une nouvelle assemblée, qui réduirait les dividendes au chiffre vrai, et comme suite à cette décision les actionnaires devraient restituer le dividende fictif qu'ils ont touché. Car, du moment que les bénéfices ne permettaient pas de distribuer le dividende, si en réalité des sommes ont été réparties à ce titre, le capital social, ou bien les réserves se trouvent affaiblies par ce fait, et cette situation est essentiellement préjudiciable aux créanciers de la Société

(1) Paris 20 jan. 1888. S. 89-2-265, v. aussi Civ. Pr. in 541.

dont le gage se trouve restreint, et à la Société elle-même qui demeure affaiblie.

Avant la loi du 24 juillet 1867 la controverse était vive sur cette question ; un parti important de la doctrine ainsi que la jurisprudence étaient pour la répétition des dividendes fictifs, sans admettre au profit des actionnaires la bonne foi qu'ils auraient pu invoquer. La loi de 1867 a mis fin à la controverse et a indiqué dans l'article 10, relatif aux Sociétés en commandite par actions, qu'elle a déclaré dans l'article 45, commun à la Société anonyme, que : « Aucune répétition de dividende ne peut être exercée contre les actionnaires, si ce n'est dans le cas où la distribution en aura été faite en l'absence de tout inventaire ou en dehors des résultats constatés par l'inventaire ».

Ainsi donc, la loi considère les dividendes fictifs comme des revenus que les actionnaires ne sont pas tenus à restituer quand ils sont de bonne foi (1).

Suivent aussitôt dans l'article 10 deux exceptions qui se rencontreront peu souvent, car elles tiennent à des hypothèses qui, pour n'être pas absolument impossibles, se présenteront en tous cas bien rarement. La première surtout qui se rapporte à l'absence de tout inventaire est peu réalisable, car les administrateurs, même les moins zélés ne présenteront, ou les actionnaires les plus cupides ne voteront jamais un dividende quelconque sans un inventaire quel qu'il soit.

(1) V. C. civ., art. 549.

Donc, pourvu qu'un inventaire ait été présenté à l'assemblée, même inexact, même concerté entre les administrateurs et les commissaires de surveillance ou entre le gérant et le conseil de surveillance pourvu que l'assemblée ait voté, en se conformant aux résultats constatés par l'inventaire, l'actionnaire qui a reçu les dividendes votés par l'assemblée est présumé de bonne foi, et ne peut être inquiété d'aucune façon. Il va sans dire que la loi ne va pas jusqu'à couvrir la mauvaise foi de l'actionnaire, et un créancier lésé par un vote de dividende fictif pourrait arriver à le faire restituer aux actionnaires, mais il aurait à fournir contre eux et contre chacun d'eux la preuve difficile qu'ils ont reçu leur dividende de mauvaise foi.

Quels sont les motifs qui ont fait décider ainsi la non répétition des dividendes ? Le législateur a pensé en écrivant l'article 10 aux petits actionnaires, à ceux qui, avant la loi de de 1893, pouvaient être exclus des assemblées par une disposition des statuts, exigeant un nombre d'actions déterminé.

A ces actionnaires, qui avaient certainement reçu leurs dividendes avec la plus entière bonne foi, se fiant à ce qu'avait délibéré l'assemblée, on ne pouvait rien réclamer. La loi ne pouvait donc édicter en principe la restitution des dividendes perçus, elle a bien fait en édictant le principe contraire ; car celui-ci préserve l'intérêt des petits actionnaires, tout en laissant contre ceux qui sont véritablement responsables des distributions de dividendes fictifs une action en justice basée sur la mauvaise foi. Et en prévenant les calculs cupides par des mesures énergiques qui vont jusqu'à permettre de poursuivre les gérants ou administrateurs fautifs (art. 15 et 45 de la loi de 1867) comme de vulgaires escrocs, en vertu de l'article 405 du Code pénal, on est presque assuré de la sincérité des comptes et de l'authenticité des dividendes. La Société n'y perdra rien, car, sous forme de dommages-intérêts, on pourra obtenir des fraudeurs autant, sinon plus, que si on s'était contenté de réclamer aux actionnaires les divi-dendes qu'ils ont perçus en trop. De plus, cette solution a pour heureux effet d'éviter d'innombrables procès, si nombreux avant la loi de 1867.

§ IV. — **Mesures administratives que peuvent avoir à prendre les assemblées ordinaires.— Emprunts hypo-thécaires.**— L'assemblée générale ordinaire peut avoir à prendre des mesures administratives dont la compétence leur est réservée et, notamment, à habiliter les adminis-trateurs ou le gérant à faire des opérations qu'ils ne peu-vent accomplir seuls.

Ainsi, l'assemblée générale peut, à moins que les statuts s'y opposent formellement, autoriser un emprunt même avec affectation hypothécaire, bien que les statuts soient muets à cet égard, sur les biens sociaux. (1) Et cet emprunt est valable à l'égard de la minorité à moins que par son importance ou à raison des circonstances on ne puisse plus le considérer comme un simple acte d'administration.

(1) Paris, 5 juillet 1877. D. P. 77-2-168. Houpin 790. Cas. 3 mai 1853. J. Pal. 54-1-464 D. 53-1-186.

Dans ce cas l'emprunt devrait être autorisé par une assemblée générale extraordinaire réunissant les conditions particulières à ces assemblées (1).

L'article 2127 du Code civil, qui exige pour la validité d'une hypothèque que sa constitution ait été consentie par acte authentique, et sa combinaison avec le principe incontesté suivant lequel on doit observer pour le mandat les formes présentes pour l'acte pour lequel le mandat a été donné, avaient soulevé plusieurs questions qui ont été solutionnées par la loi du 1er août 1893.

a) Les statuts conférant à des administrateurs d'une Société anonyme ou au gérant d'une Société en commandite le pouvoir de constituer hypothèque sur les immeubles de la Société, au nom de celle-ci, peuvent-ils être rédigés sous seing-privé ou doivent-ils être rédigés en la forme authentique ? On admet en doctrine aussi bien qu'en jurisprudence que la forme authentique est exigée (2).

On objecte (3) que pour déterminer la forme d'un acte il faut considérer l'objet principal de cet acte, sans tenir compte des dispositions accessoires qu'il peut contenir. Sans doute l'objet principal et essentiel des statuts est la constitution de la Société; mais outre qu'il n'est pas démontré, dans cette opinion, que le pouvoir d'hypothéquer conféré aux administrateurs ou au gérant peut être

(1) V. Lyon-Caen. J. des Soc. 1880-277. Paris, 7 août 1880. S. 81-2-93.
(2) Vavasseur n° 166 bis. Lyon-Caen et Renault n° 183. Cas. 10 janvier 64. S. 64-1-121. Cas. 15 nov. 80 S. 81-1-253. 23 déc. 85. S. 86-1-145. Aubry et Rau T. III p. 274 266, Paris, 7 août 80. S. 81-2-293.
(3) M. Labbé note sous S. 86. 1. 145.

considéré comme un accessoire, on s'appuie sur deux arguments d'analogie que l'on ne peut admettre à la légère(1). Si, dans les deux cas cités, le législateur n'a tenu compte pour réglementer la forme de l'acte que de son objet principal, on est loin de trouver là une règle générale qui ne saurait du reste être établie que par un texte bien formel.

b) Une seconde question, qui nous intéresse davantage parce qu'elle est relative aux assemblées d'actionnaires, doit recevoir, par identité de motifs, la même solution. Quand le pouvoir d'hypothéquer est conféré par une assemblée générale d'actionnaires en cours de Société, il faut que la délibération soit prise avec le concours d'un notaire qui lui donne (2) l'authenticité ; sinon l'hypothèque consentie est nulle, et la ratification postérieure qui pourrait être donnée par une nouvelle assemblée générale sans la présence d'un officier ministériel, serait également nulle (3). Il n'est pas nécessaire que la délibération prise soit signée par tous les actionnaires présents, la signature des membres du bureau suffit (4).

De la nécessité d'une délibération notariée pour constituer hypothèque était née une difficulté. Souvent les actionnaires n'interviennent pas en personne aux assem-

---

(1) L'art. 1973 C. civ. ne soumettant pas la constitution de rente viagère faite au profit d'un tiers aux formalités de doctrine et la loi du 21 juin 1843 dispensant le contrat de mariage de la nécessité de la présence d'un second notaire ou des deux témoins, même quand le contrat contient une donation, tels étaient ces deux arguments.

(2) Lyon-Caen et Renault 586. M. Bouvier-Bangillon p. 183. Vavasseur 166 bis.

(3) Caen, 15 nov. 80 J. S. 1880 p. 46. S. 81. 1. 253. 23 déc. 85. s. 86. 1. 145,

(4) Houpin J. S. 1888. p. 661.

blées générales et se font représenter par des mandataires. Faut-il quand il s'agit d'une assemblée qui doit
souscrire un emprunt hypothécaire que le mandat donné
par l'actionnaire à la personne qu'il charge de le représenter soit contenu dans un acte notarié?

Cette question ayant été traitée plus haut, nous nous
contenterons d'y renvoyer.

Depuis la loi de 1893 ces deux questions ne se posent
plus, le nouvel article 69 introduit par cette loi s'exprime
ainsi : « Il pourra être consenti hypothèque au nom de
toute Société commerciale en vertu des pouvoirs résultant
de son acte de formation même sous-seing privé, ou des
délibérations ou autorisations constatées dans les formes
réglées par ledit acte. L'acte d'hypothèque sera passé en
forme authentique, conformément à l'article 2127 du Code
civil ».

Cette heureuse disposition de la loi de 1893 apporte aux
Sociétés une simplification réclamée depuis longtemps ;
la nécessité de la présence d'un notaire à l'assemblée qui
décidait un emprunt hypothécaire était la source de nombreux frais et de complications qui amenaient bien souvent des procès à l'encontre de la validité de la décision
prise.

L'article 69 s'applique à toute Société commerciale,
postérieure aussi bien qu'antérieure à la loi de 1893. Mais
il faut bien évidemment qu'il s'agisse d'une constitution
d'hypothèque postérieure à cette loi ; une constitution
antérieure qui n'aurait pas réuni les conditions exigées au

moment où elle a eu lieu, ne saurait être validée par notre article 69.

Nous ne nous étendrons pas davantage sur ce nouvel article ; comme il est facile de le voir à sa simple lecture, il n'exige l'observation de l'article 2127 que dans l'acte d'hypothèque lui-même. La délibération de l'assemblée qui donne le pouvoir d'hypothéquer pourra être pris sans la présence d'un notaire, et il va de soi, quoique la loi ne le dise pas, que l'authenticité ne doit pas être requise pour le mandat donné par un actionnaire de le representer dans une assemblée convoquée pour donner pouvoir de constituer hypothèque.

La négative était, comme nous le savons, admise par la jurisprudence, la loi nouvelle ne fait que confirmer cette solution.

Appendice.— Avant de terminer ce qui a trait au vote d'un emprunt hypothécaire, il est peut-être bon d'ouvrir une parenthèse pour étudier rapidement une question qui a trait uniquement aux Sociétés en commandite par actions. On peut se demander si la présence, dans une assemblée consentant un emprunt hypothécaire, des associés commanditaires, n'entraînera pas pour eux une immixtion dans l'administration de la Société, immixtion prohibée aux termes de l'article 27 du Code de commerce. On s'accorde généralement pour répondre par la négative.

Mise au porteur des actions nominatives.— L'article 3 de la loi de 1867 dit : « Il peut être stipulé, mais seulement par les statuts constitutifs de la Société, que les actions ou coupons d'actions pourront, après avoir été libérés de moitié, être convertis en actions au porteur par délibération de l'assemblée générale. » Cette disposition n'a plus guère d'utilité aujourd'hui et tend chaque jour à en perdre. La loi de 1893 porte, en effet, dans son article 2 : « Les actions sont nominatives jusqu'à leur entière libération », mais elle indique par contre dans son article 7 § I que « pour les Sociétés par actions, en commandite ou anonymes déjà existantes, sans distinction entre celles antérieures à la loi du 24 juillet 1867 et celles postérieures, il n'est pas dérogé à la faculté qu'elles peuvent avoir de convertir leurs actions en titres au porteur avant libération intégrale. »

Les Sociétés antérieures à la loi de 1893 qui n'ont pas encore la totalité de leur capital versé et qui peuvent bénéficier de la disposition transitoire de l'article 7, constituent donc l'exception ; malgré cela il n'est pas inutile de dire quelques mots sur le rôle de l'assemblée lors de la mise au porteur des actions de ces Sociétés.

Pour que les titres nominatifs puissent être transformés en titres au porteur, trois conditions sont exigées par l'article 3 (1) de la loi de 1867 : 1º Que les statuts constitutifs de la Société aient prévu et permis cette conversion ; 2º Que toutes les actions aient été libérées de moitié, et cela avant que l'assemblée générale ait été réunie pour délibérer sur la conversion ; 3º Que l'assemblée générale des

(1) Cet article 3 est relatif aux Sociétés en commandite, l'article 24 le déclare applicable aux Sociétés anonymes.

actionnaires ait délibéré sur la conversion et l'ait auto -
risée.

Comment va délibérer l'assemblée sur cette conversion,
question grave et importante. Il est évident, en effet, que
la mise au porteur des actions non entièrement libérées
va rendre difficile, pour ne pas dire impossible, la réali-
sition complète du capital, surtout lorsque la Société en
aura le besoin le plus urgent. Qui faire payer ? D'autre
part, si la Société a réellement besoin d'argent, l'exécution
du titre en bourse ne sera guère possible, car il sera
déprécié.

Le législateur de 1867 avait bien vu ces graves difficultés, c'est pour cela qu'il avait prescrit les conditions
que nous avons énumérées supra, et c'est pour cela aussi,
que pour couper court à toute difficulté la loi de 1893 est
allée jusqu'à interdire la conversion des titres non entièrement libérés.

Nous n'insisterons pas sur l'utilité des deux premières
mesures. L'insertion dans une clause des statuts de la
faculté de mettre les actions au porteur a certainement
été prescrite dans l'intérêt des tiers qui, avant de traiter
avec la Société, savent ainsi quel crédit ils pourront lui
accorder. Cette clause est de la plus grande importance,
si elle n'a pas été insérée dans les statuts, elle ne peut
y être insérée après coup, même par une assemblée
générale extraordinaire, prenant cette décision à l'unanimité. On ne peut raisonnablement forcer les tiers à se
tenir à l'affût des changements que peuvent apporter

les actionnaires, en cours de Société, aux statuts primitifs (1).

La libération de moitié non moins utile est exigée afin que la Société ait déjà fonctionné, ait déjà pris corps au moment de la conversion, et que les actionnaires puissent mieux se rendre compte si le capital déjà versé donne à la Société une situation assez forte, assez sûre pour lui permettre de courir les risques de la forme au porteur. Remarquons que la loi n'exige pas seulement que la moitié du capital social soit versé, mais encore ce qui est différent, que toutes les actions aient été libérées de moitié (2).

Reste la troisième condition imposée par la loi, et qui nous intéresse particulièrement, la délibération de l'assemblée. A ce sujet l'accord ne règne pas dans la doctrine. Quelques auteurs (3) voudraient que l'assemblée qui doit délibérer sur la conversion fût une assemblée constitutive et comme conséquence que les conditions de ces assemblées fussent appliquées (admission de tous les actionnaires, quel que soit le nombre d'actions en leurs mains, quorum, etc.).

D'autres auteurs, exagérant l'importance de la décision à prendre, en arrivent à décider que cette assemblée doit être assimilée à une assemblée générale extraordinaire, appelée à voter des modifications statuaires (4).

(1) V. note Boistel. s. cas. D. 93-1-481.
(2) Lyon-Caen et Renault, 749. D. Rep. au mot soc., 1146. Cas., 21 juillet 79. D. 79. 1. 321. Seine, 18 mai 1886. R. S. 86. 388. Houpin, 291.
(3) Ruben de Couder, Dict. V. soc. an. n° 154.
(4) Houpin, n° 291. V. aussi J. des Soc.,1890. 521. Dissert.

Ni l'une ni l'autre de ces deux opinions ne nous paraissent acceptables. Au moment de la conversion la Société
fonctionne, peut-être depuis longtemps, il ne peut donc
être question d'une véritable assemblée constitutive ; ni
même d'une assemblée qui ne serait pas constitutive
mais qui serait soumise aux conditions de ces assemblées,
ce serait tout au moins de la pure invention.

Il ne s'agit pas non plus d'une assemblée générale
extraordinaire, appelée pour modifier les statuts, puisque
cette assemblée ne peut délibérer sur la conversion des
actions qu'autant que les statuts auront prévu cette opération. De modification aux statuts il n'en est pas question, il s'agit simplement de les appliquer. Et comme ici
nous avons affaire à une simple mesure d'ordre intérieur,
intimement liée au fonctionnement de la Société, l'assemblée générale ordinaire est compétente (1). La simple
majorité suffira donc ; nous appliquerons à cette assemblée la disposition de l'article 29 de la loi de 1867. Et si
nos adversaires nous reprochent que cette décision grave
(nous le reconnaissons) pourra être prise ainsi à une trop
faible majorité, nous aurons tout au moins pour nous
l'avantage d'avoir appliqué logiquement la loi.

Nous avons donc établi que la délibération sur la
conversion des actions nominatives en actions au porteur
est de la compétence des assemblées générales ordinaires

---

(1) Lyon-Caen et Renault, 751. M. Vavasseur qui admet l'opinion que nous indiquons,
ne le fait cependant pas sans un certain scrupule, et il déclare que, dans le cas où l'acte
de Société organisera des assemblées extraordinaires chargées de modifier les statuts, il
sera préférable, pour éviter toute critique de soumettre à ces assemblées la question de
la conversion des actions.

et peut, par conséquent, prendre place dans ce chapitre.
Quel va être le but de l'intervention obligatoire de l'assemblée ? En premier lieu les actionnaires réunis auront
à examiner si les deux premières conditions exigées par
la loi ont été remplies (clause des statuts prévoyant la
conversion et la libération de moitié antérieure). Puis la
solution à intervenir pouvant avoir d'importantes conséquences pour la Société, l'assemblée aura à se préoccuper
de son opportunité, de savoir si les affaires de la Société
sont assez prospères pour courir les chances d'une mise
au porteur des actions, qui rendra plus difficile la réalisation du capital. L'assemblée ne doit pas se contenter
d'une délibération et, pour que la conversion soit possible
il faut encore un vote favorable.

La délibération de l'assemblée serait nulle si elle avait
eu lieu avant que toutes les actions aient été libérées de
moitié. Serait (1) aussi nulle la délibération qui, tout en
en constatant que la moitié de chaque action n'a pas
encore été versée, autoriserait la conversion pour l'avenir,
même en la subordonnant au versement prescrit ; l'assemblée ne peut, en effet, savoir à l'avance si la Société sera
dans une situation qui légitimera la conversion.

Il faut, en outre, que les actions soient toutes individuellement libérées de moitié, l'intérêt des tiers l'exige ;
ils ne seraient pas assurés que la moitié du capital social
est réellement versé, si chaque action libérée de moitié

(1) Cas. 21 juillet 1879. D. 79. 1. 321. V. note de M. Boistel. D. 93. 1. 481. Lyon-
Caen et R. 749.

pouvait être convertie en action au porteur (1) et par suite ils ne pourraient établir le crédit que la Société peut lui offrir.

Par contre indiquons, sans y insister, qu'il n'y aurait aucune difficulté à la mise au porteur des actions entièrement libérées, bien que d'autres actions ne fussent pas encore libérées de moitié. Il n'y a aucun péril pour le crédit de la Société à la mise au porteur des actions entièrement libérées, l'actionnaire ne devant plus rien à la Société, et par conséquent rien ne pouvant plus être réclamé à cet actionnaire, peu importe qu'il soit connu nominativement ou non de la Société (2).

Si l'assemblée a décidé que la conversion aurait lieu, les actionnaires peuvent aussitôt se faire délivrer des titres au porteur sans être, pour cela, contraints d'abandonner la forme nominative, si elle est mieux à leur convenance, ou si encore ils sont tenus par suite d'une obligation légale ou conventionnelle. Jugé que la décision de l'assemblée permettant la conversion n'est pas soumise à publicité, les tiers étant suffisamment avertis par la clause des statuts autorisant la conversion (3).

Si, au contraire, l'assemblée repousse la conversion, les actions doivent demeurer nominatives jusqu'à leur entière libération ; mais aussitôt libérées intégralement, et si les statuts ne s'y opposent pas formellement comme

(1) La doctrine et la jurisp. sont d'accord sur ce point. Lyon-Caen et Renault 749. Boistel, loc. cit. Houpin, 291. Cas. 21 juillet 1879.

(2) Lyon-Caen et Renault, 750. Houpin, 289. 291. Paris, 30 janvier 82. D. 86. 2. 125. Note.

(3) Paris, 26 juil. 87. R. S. 87, p. 582.

dans certaines Sociétés, mais bien au contraire stipulent que les actions seront nominatives ou au porteur, au gré de l'actionnaire, les actions peuvent être mises au porteur, sans que, comme le désireraient certains auteurs, la conversion dût être autorisée par une décision d'une assemblée générale (1). Il n'en serait pas de même si les statuts étaient muets sur la forme au porteur, une décision d'une assemblée générale extraordinaire devrait inter - venir.

Depuis la loi de 1893 les actions sont nominatives jusqu'à leur entière libération. Cela nous amène à nous demander comment les actions nominatives jusque-là pourront être mises au porteur ? Faudra-t-il encore qu'il se trouve dans les statuts une clause autorisant la conversion ? Faudra-t-il aussi la réunion d'une assemblée délibérant sur l'opportunité de cette mesure ?

Le législateur de 1893 n'a pas répondu à ces deux questions. Nous aurons à le faire à sa place en nous servant des principes que nous avons posés. Tout d'abord il est incontestable qu'une clause dans les statuts sera nécessaire, car si le danger des difficultés de recouvrer les souscriptions a disparu, il n'en est pas moins vrai que la mise au porteur des actions change la physionomie d'une Société qui, quelquefois, a intérêt à ce que les actions ne passent pas en des mains d'inconnus qui n'ont souvent en vue que la spéculation, sans penser à l'avenir de la Société. Une clause dans les statuts sera donc nécessaire

---

(1) Lyon-Caen et Renault, 750. Paris, 30 janvier 1882. J. S. 82. 333.

pour éviter une mise au porteur intempestive, et un agiotage peut être contraire aux intérêts de la Société.

Cependant cette clause, qui a perdu le caractère particulier et important qu'avait envisagé le législateur de la loi de 1867 et qui, désormais, n'intéresse plus que les actionnaires « comme n'étant autre chose que la manifestation de la volonté sociale consentant à avoir des actions au porteur (1), », pourrait fort bien ne pas figurer dans les statuts constitutifs. En cours de Société une assemblée générale extraordinaire pourrait donc insérer cette clause modificatrice dans les statuts.

Faudra-t-il encore la réunion d'une assemblée autorisant la mise au porteur des actions ? Rappelons que sous l'empire de la loi de 1867 l'assemblée avait pour mission de vérifier si la clause était dans les statuts et s'il y avait opportunité à la conversion. Un honorable partisan de la réunion d'une assemblée indique : « Le rôle de l'assemblée générale va se trouver diminué, la conversion ne pouvant avoir lieu qu'après libération totale, l'état des affaires sociales ne présentera plus d'intérêt à ce sujet, mais il y aura toujours à procéder à certaines vérifications, à voir non plus si les actions sont libérées de moitié ; mais si elles sont intégralement libérées. »

L'opinion contraire s'appuie sur des raisons qui nous paraissent bonnes et, en effet, nous avons vu plus haut qu'antérieurement à la loi de 1893 la jurisprudence et la doctrine (2) ne faisaient aucune difficulté à la conversion

(1) V. M. Bouvier-Bangillon. Traité p. 55.
(2) Lyon-Caen et Renault, 548 n° 750 ; v. note 4. Houpin 290. Pont 924-925.

des actions entièrement libérées, pourvu que les statuts
l'eussent prévue. Adoptant les motifs qui pouvaient faire
décider ainsi, nous en avons adopté aussi les conséquences.

La question à résoudre est identique, la seule différence
que l'on puisse y relever c'est qu'il s'agit de Sociétés
fondées postérieurement à loi de 1893. Décider que désormais une assemblée serait nécessaire pour la conversion
serait non–seulement revenir sur une opinion bien établie
avant cette loi, mais encore aller à l'encontre de cette loi
même qui est intervenue pour coordonner en les simpli-
fiant, les règles relatives aux Sociétés.

On pourrait peut-être objecter que dans le projet de loi
de 1884 une disposition se trouvait qui n'exigeait pas la
réunion d'une assemblée, que cette disposition n'ayant
pas été reproduite dans la loi de 1893 ne doit pas être
appliquée.

Il faut remarquer que le projet de loi précité ne faisait
en cela que sanctionner une interprétation de jurisprudence
solidement établie sur des considérations très sérieuses,
et qui n'avait par conséquent aucunement besoin de consécration. La disposition en question aurait subsisté dans
la loi de 1893 qu'elle n'aurait apporté rien de nouveau ;
n'y étant pas, il n'en va pas que l'on doive abandonner
une pratique depuis longtemps admise.

Donc, désormais, pour la conversion une clause dans les
statuts autorisant les actionnaires à avoir leur titre au
porteur sera seule nécessaire, et du jour où les actions
seront entièrement libérées, elles pourront être converties

sans qu'une assemblée intervienne, qui n'aurait pour mission que d'examiner si l'action est entièrement libérée, mission purement mécanique, si l'on peut s'exprimer ainsi, que les employés du service des titres de la Société accompliront mieux et plus vite.

Droit comparé. — Si nous examinons les législations étrangères relativement à la conversion des actions nomitives en actions au porteur, nous voyons que les plus importantes : Allemagne, Angleterre, Belgique, Italie, exigent la forme nominative jusqu'à l'entière libération. Les autres admettent la conversion avec certaines restrictions, et sous certaines conditions, mais tendent de plus en plus à se rapprocher de notre législation.

Art. II. — Remplacement du personnel administratif

a) **Société en commandite par actions.** — § I. **Nomination et révocation du gérant.**— Le gérant est, ou nommé par les statuts, il est alors appelé gérant statutaire, ou bien nommé postérieurement par l'assemblée constitutive, c'est un simple mandataire.

Le gérant statutaire est en principe irrévocable, les statuts peuvent néanmoins stipuler sa révocabitité. La révocation pourrait être prononcée par jugement (1) pour des fautes graves, mais le gérant occupe parfois une situation tellement importante que sa révocation amènera

(1) Cas. 8 mars 92. RS. 92. 196. Lyon-Caen et Renault 508 b.

la dissolution de la Société. Pas de plein droit cependant pour les commandites par action. Le gérant nommé par l'assemblée constitutive est un simple mandataire révocable *ad nutum* par les actionnaires. Toutefois les statuts ou bien encore l'assemblée pourraient le déclarer irrévocable.

A l'encontre du gérant nommé par les statuts, le gérant nommé par l'assemblée des actionnaires peut donner sa démission.

L'assemblée générale ordinaire aura donc à s'occuper de la révocation du gérant, lorsqu'il sera révocable, et au cas où, par suite de révocation, démission, mort, fin de pouvoir, la Société se trouverait sans gérant à procéder à son élection. Les décisions sont prises à la simple majorité des voix sauf stipulation contraire dans les statuts (1).

§ II. — **Choix des membres du conseil de surveillance**. — Le premier conseil de surveillance est élu, comme nous le savons, par l'assemblée constitutive avant toute opération sociale (art. 5, loi de 1867).

Le premier conseil ne peut rester en fonction plus d'une année. On procède alors à des élections, les membres sortants sont rééligibles. La loi de 1867 ne fixe pas de délai maximum aux pouvoirs du conseil de surveillance. On est cependant d'accord pour décider qu'il ne peut être nommé pour la durée de la Société. Le plus souvent les statuts portent qu'il sera renouvelable partiellement cha-

(1) Vavasseur 148. Houpin 584. Ruben de Couder 250.

que année. Cette mesure très sage assure à la Société une précieuse unité de direction. L'assemblée générale ordinaire a pour mission de procéder au renouvellement de ce conseil.

L'assemblée des actionnaires aurait-elle le droit de révoquer les membres du conseil de surveillance avant l'expiration du délai qui leur a été imparti par les statuts pour la durée de leurs fonctions ? C'est une question fort controversée. Certains (1) auteurs voudraient que les membres du conseil de surveillance ne puissent pas être révoqués par l'assemblée générale, mais seulement déférés aux tribunaux qui statueraient souverainement sur leur sort et les révoqueraient au cas où ils auraient découvert à leur encontre des faits suffisamment graves pour motiver cette décision.

Cette opinion nous paraît méconnaître le véritable caractère du conseil de surveillance. La loi l'a constitué pour suppléer au contrôle que les actionnaires auraient pu vouloir exercer sur les actes du gérant. Il n'était guère possible d'admettre chaque associé à surveiller l'administration du gérant, cela aurait été particulièrement peu commode dans les Sociétés dont les actionnaires sont nombreux. Les membres du conseil de surveillance (actionnaires eux-mêmes) doivent être considérés comme les mandataires des actionnaires quant à la surveillance des agissements du gérant; aussi doit-on accorder à l'assemblée générale ordinaire le droit de révoquer les

(1) Pons 1051.

membres du conseil de surveillance qui auraient failli à leur devoir.

b) **Société Anonyme par Action.** — § I. **Remplacement des Administrateurs**. — Les premiers administrateurs sont nommés par les statuts, ou bien par l'assemblée constitutive. On comprend l'intérêt qu'il y a parfois à ce que les fondateurs soient nommés administrateurs par les statuts ; connaissant mieux que tout autre l'affaire, ils assureront à la Société un avenir prospère.

Les administrateurs nommés exclusivement par les statuts, c'est-à-dire dont la nomination n'a pas été sanctionnée par l'assemblée, n'exercent leur pouvoir que pendant trois années. Il en serait autrement si les statuts n'avaient fait que désigner les administrateurs, et que l'assemblée eût été appelée à statuer sur leur nomination, la durée de leurs fonctions serait la même que celle de ceux élus directement par les assemblées d'actionnaires, et qui est de six ans (art. 25, loi de 1867). Les statuts pourraient fixer à ces fonctions une durée moindre. Les administrateurs sortant sont toujours rééligibles à moins de stipulations contraires dans les statuts.

Les administrateurs sont essentiellement révocables, soit qu'ils aient été nommés par les statuts, soit qu'ils aient été choisis par l'assemblée. L'article 22 de la loi de 1867 est formel en ce sens ; et l'on ne saurait appliquer ici l'article 1856 du Code civil spécial aux Sociétés civiles. Leur révocation peut même avoir lieu *ad nutum* par l'assemblée sans qu'ils puissent réclamer des dommages-intérêts (1). Cette révocation, sauf stipulation contraire des statuts, est valablement prononcée par une assemblée ordinaire (2).

Au cas où le président de l'assemblée refuserait de mettre aux voix une proposition de révocation des administrateurs, les actionnaires peuvent faire ordonner par le Tribunal de commerce qu'une nouvelle assemblée sera réunie pour statuer sur cette question (3).

La révocabilité des administrateurs doit être considérée comme une mesure d'ordre public, à laquelle il ne peut être dérogé. En conséquence, la promesse faite par les statuts, ou même par les actionnaires réunis en assemblée, à l'un des administrateurs de le maintenir en fonction pendant un certain laps de temps, serait nulle et non avenue. Et au cas où la Société, usant de son droit absolu de révocation, donnerait congé à cet administrateur, il ne pourrait arguer des promesses à lui faites pour obtenir des dommages-intérêts (4).

Il faut même aller plus loin et déclarer, avec la jurisprudence, que la promesse faite à un administrateur d'une indemnité au cas de révocation est nulle (5). Une semblable promesse est contraire au caractère de la révocabilité du mandat dont cet administrateur est investi et serait de nature, au cas où elle serait admise, à entraver

(1) Paris, 7 janvier 1882. Le Droit du 29 janv. Cas. 28 juillet 1868. D.P. 68, 1,441.
(2) Paris, 6 mars, 90. D.P. 91, 2, 119.
(3) T. Co. de la Seine du 1890. J. des soc. 91-90.
(4) Cas. 30 av. 1878. D.P. 79, 1, 314. Cas. 10 janv. 1881, D.P. 81, 1, 161. Req. 12 du 92, D.P. 93, 1, 164.
(5) Paris, 25 juillet 1893. D.P.- 94 - 2 - 6.

la liberté des actionnaires, si l'indemnité prévue était forte et la Société dans un moment de gêne.

§ II. — **Remplacement et révocation des commissaires de surveillance.**—L'article 25 de la loi de 1867 indique que les premiers commissaires de surveillance sont nommés par la première assemblée et l'article 32 indique qu'ils sont nommés toutes les années par l'assemblée annuelle, c'est-à-dire par l'assemblée ordinaire. Leurs pouvoirs durent donc un an, mais ils sont rééligibles indéfiniment. Remarquons en passant une différence inexplicable entre les Sociétés anonymes et les Sociétés en commandite par actions ; dans les premières, les actionnaires peuvent confier le soin du contrôle à des étrangers, tandis que dans les secondes, les membres du conseil de surveillance doivent être exclusivement choisis parmi les associés.

Les commissaires de surveillance sont à l'égard des actionnaires de simples mandataires par suite révocables. Leur révocation sera très rare étant donné la courte durée de leurs pouvoirs, cependant pour les questions qui pourraient s'y rattacher nous ne pouvons que renvoyer à ce que nous avons dit sur la révocation des administrateurs.

Au cas de démission, mort, empêchement quelconque d'un ou de plusieurs commissaires, il n'y a pas lieu à leur remplacement si un d'eux au moins reste en fonctions qui fera le rapport prévu par l'article 35. Au cas d'empêchement de tous les commissaires, et s'il y a urgence, il pourra être procédé à leur remplacement par les soins du prési-

dent du Tribunal de commerce du ressort, sur la demande
des intéressés.

SECTION III

Assemblée générale extraordinaire

Les assemblées générales extraordinaires d'actionnaires
ont pour mission de prendre des mesures graves et importantes dans l'intérêt de la Société. Il s'agit d'apporter
des modifications aux statuts, de prolonger la durée de la
Société, ou de prononcer sa dissolution anticipée. Le législateur désirant que ces décisions ne soient pas prises à la
légère impose à ces assemblées des règles à observer qui
constituent une entrave, mais une entrave légitime, à la
liberté fort grande qui est laissée ordinairement aux
statuts.

Nous savons déjà que l'article 31 de la loi de 1867 exige,
pour la validité des assemblées extraordinaires, que la
moitié au moins du capital social soit représentée par les
actionnaires présents à l'assemblée. Cette mesure, qui n'est
qu'un minimum imposé par la loi, et qui laisse aux statuts la liberté d'être plus exigeants s'ils le croient utile,
ne s'applique qu'aux Sociétés anonymes par actions. Les
assemblées extraordinaires des Sociétés en commandite
sont régies uniquement par les statuts.

Au cas où les statuts se sont formellement expliqués
il n'y aura qu'à se conformer à leurs clauses.

Mais quand les statuts sont restés muets ou bien que
se servant d'une clause vague ils ont déclaré que l'assemblée générale extraordinaire pourra modifier les statuts,
de nombreuses et importantes questions se posent.

Nous aurons donc à examiner les questions suivantes :
1° L'assemblée générale extraordinaire a-t-elle de plein
droit dans le silence des statuts la faculté de modifier le
contrat social ? 2° Au cas où les statuts ont donné à
l'assemblée la mission générale de les modifier sans préciser telle ou telle modification, et encore au cas où il
serait répondu affirmativement à la précédente question,
n'y a-t-il pas une limite qui restreindra le pouvoir de
l'assemblée à certaines modifications ?

Art. I. — Au cas où les Statuts n'ont pas prévu de modifications l'Assemblée générale extraordinaire peut-elle en faire ?

Un point qui ne saurait faire de difficulté est que les
assemblées générales extraordinaires délibèrent comme
toutes les autres assemblées à la majorité des voix. Dans
la loi de 1863, le législateur avait dit : « Dans toutes les
assemblées générales, les délibérations sont prises à la
majorité des voix ». Le principe a subsisté, nous le retrou-
vons tout entier dans la loi de 1867 et les règles que l'on
trouve ensuite relativement à certaines délibérations sur
des questions importantes ne portent que sur le quorum
de présence nécessaire.

Mais où la discussion commence c'est quand on se

10

demande quel est le but, la mission exacte de l'assemblée générale extraordinaire ? La controverse devient vive quand il s'agit d'interpréter l'article 31 de la loi de 1867 qu'il importe de transcrire ici : « Les assemblées, qui ont à délibérer sur les modifications aux statuts ou sur des propositions de continuation de la Société au-delà du terme fixé pour sa durée, ou de dissolution avant terme, ne sont régulièrement constituées et ne délibèrent valablement qu'autant qu'elles sont composées d'un nombre d'actions représentant au moins la moitié du capital social ».

Une première opinion dit que l'article 31 prévoit le cas où les statuts ont conféré à l'assemblée le droit de modifier les statuts, et fixe dans cette seule hypothèse les règles de tenue de cette assemblée (1).

Une deuxième opinion plus libérale, qui gagne chaque jour du terrain, estime que cet article donne à l'assemblée générale le pouvoir de modifier certaines clauses des statuts (2).

De grands avantages pratiques militent en faveur de cette deuxième opinion. Certaines modifications impor-

---

(1) Paris, 19 avril 1875. D. P. 1875, 2, 161. (V. concl. M. l'av. g. Hemar). 28 fév. 88. D. P. 88, 1, 427. Besançon, 29 juillet 89. D. P. 90, 2, 331. P. Pont, T. II, n° 1688. Vavasseur, nos 167 et 508. Paris, 6 fév. 91. D. P., 92, 2, 385 et note Boistel. Boistel, n° 320. Lyon-Caen et R. T. II, n° 864. Lyon-Caen J. des Soc. 88, p. 276. Houpin, J. des Soc. 80, p. 542. Laurin cours élém. de D. co., n° 363 et 441. Ruben de Couder. Dict. v. Soc. au n° 436. Projet sénatorial de 1884, art. 23. Houpin, n° 796. Labbé, note 8e col. sous cas.. 27 juin 81. S. 81, 1, 441.

(2) Cas., 30 mai 92, J. des Soc. 92, 405. D. Pl 93, 1, 105. Note Thaller. Cas., 29 juin 94 et concl de M. Desjardins av. G. J. S. 94, 203. Cas. 1881, S. 85, 1, 107 contra note Labbé, 310 et 93, J. S. 94, 66 Mathieu et Bourguignat comm. L. 67, n° 202. De Courcy. Soc. an. p. 125. M. Bouvier-Bangillon p. 126.

tantes peuvent devenir nécessaires pour assurer la bonne
marche de la Société, et ce serait les rendre absolument
impossibles que d'exiger l'unanimité des actionnaires pour
les décider.

Peut-on d'abord espérer réunir en une seule assemblée
les actionnaires innombrables d'une Société par actions ?
Peut-on supposer, en admettant cette réunion opérée,
qu'il ne se trouvera pas un mécontent ou bien encore un
obstiné ou ce qui se rencontre quelquefois malheureusement un individu qui ait un vote à vendre, qui fasse de
l'opposition, par ignorance, mauvais vouloir, ou cupidité.
Les partisans de l'unanimité ne méconnaissent pas ces
inconvénients (1), n'ignorent pas les nécessités pratiques
que leurs adversaires peuvent invoquer, ils se canton-
nent dans ce qu'ils croient être écrit dans la loi. Mais quels
sont donc ces textes aussi rigoureux ? L'article 31 de la
loi de 1867 et l'article 1134 du Code civil. L'article 31,
dit-on, fixe un quorum au-dessous duquel les statuts
sociaux ne peuvent descendre. Il est rédigé dans l'hypothèse où l'acte de Société aurait conféré à l'assemblée le
pouvoir de modifier les statuts, il n'a pas pour but de lui
attribuer cette faculté. Il faut donc supposer une clause
des statuts dérogeant au principe de l'unanimité ; décider
autrement c'est maintenir, dans une Société modifiée, des
actionnaires qui protestent contre les modifications apportées, c'est violer le pacte social, qui fait la loi des parties,
et qui ne peut être révoqué, rompu ou altéré que du
consentement unanime de tous.

(1) Lyon-Caen et Renault, n° 864.

Ces principes sont ceux qui sont formulés par l'article 1134 du Code civil, et ils doivent s'appliquer, non seulement aux contrats civils, mais encore à tous les contrats, même aux contrats commerciaux.

Mais, demandons-nous, faut-il ainsi puiser dans l'article 1134 du Code civil les règles qui doivent régir notre matière ? Nous ne le croyons pas. D'une part, l'article 31 bien compris se suffit à lui-même, surtout quand on ne l'examine pas, abstraction faite des articles qui le précèdent. Et cette raison seule suffirait à écarter l'article 1134.

Et d'autre part, cet article ne constitue pas pour nous un texte formel ; il s'agit bien plutôt d'une déduction qu'on prétend tirer de certains principes, et nous verrons qu'il ne faut pas la tirer.

Tout compte fait les Sociétés par actions diffèrent sous de nombreux rapports des Sociétés régies par le titre IX du livre III du Code civil. Comment ne pas le voir, « comment ne pas prendre en considération, dit M. l'avocat général Desjardins (1), le nombre des actionnaires qui forment parfois une armée de cinquante ou cent mille hommes ? Ceux-ci viennent de tous les points de l'horizon, ils se recrutent sur toute la surface du globe, ils ne se rattachent l'un à l'autre par aucun lien personnel, ils appartiennent à toutes les races, à toutes les langues, et se séparent non-seulement par leurs idées, mais par leurs intérêts. C'est une masse flottante et changeante dont la physionomie se

(1) Cas. 29 janv. 94. — J. S. 94, p. 209, confirmant Douai 31 déc. 91.

renouvelle et se transforme en quelques heures ; de nouvelles générations viennent incessamment pousser et
remplacer les ouvriers de la première heure. Allez donc
demander à cette cohue mobile et bigarrée l'unanime adhésion des contractants ».

A ce fidèle portrait des Sociétés par actions qui nous
occupent on s'aperçoit sans peine de l'abîme qui les
sépare de celles qui sont prévues au titre IX du livre III
du Code civil.

L'article 31 de la loi de 1867, avons-nous dit, se suffit à
lui-même, mais il faut l'examiner en tenant compte des
articles précédents. Nos adversaires affirment que cet
article n'a pour but que de limiter la liberté des statuts
permettant à l'assemblée des actionnaires, en dehors de
l'unanimité, de prendre certaines décisions modifiant le
pacte social.

Cette affirmation a le grand tort de formuler la question
elle-même sans la résoudre et de ne point présenter d'arguments sérieux.

Par contre, si l'on prend la peine de lire les articles qui
précèdent, on voit :

Art. 28. — « Dans toutes les assemblées générales, les
délibérations sont prises à la majorité des voix.... »

Art. 29. — « Les assemblées générales qui ont à délibérer dans des cas autres que ceux qui sont prévus par les
deux articles qui suivent, doivent être composées d'un
nombre d'actionnaires représentant le quart au moins du
capital social.... »

Art. 30. — « Les assemblées qui ont à délibérer sur la

vérification des apports, sur la nomination des premiers administrateurs.... »

Art. 31. — « Les assemblées qui ont à délibérer sur des modifications aux statuts ou sur des propositions de continuation de la Société au-delà du terme fixé pour sa durée.... »

Il n'est pas difficile de saisir l'enchaînement des idées entre ces différents articles. Dans le premier la loi fixe un principe général, dans les suivants elle indique quel sera le quorum nécessaire dans certains cas. Et l'on ne voit pas du tout pourquoi il faudrait, pour les délibérations que prévoit et règle l'article 31, une clause des statuts autorisant spécialement l'assemblée des actionnaires à se conformer à cet article.

Il ne faudrait pas non plus arguer contre cette démonstration très simple de ce que dans l'article 31 il est employé la forme négative et en conclure que le législateur a eu l'intention de ne permettre la réunion des assemblées générales extraordinaires que lorsque les statuts les auraient prévues.

La théorie que nous avons soutenue relativement aux pouvoirs des assemblées extraordinaires n'aurait-elle pas été suffisamment démontrée par les arguments que nous avons présentés, que ces arguments auraient eu tout au moins le mérite de faire table rase des systèmes adverses, et de préparer un terrain favorable au véritable argument qui devrait amener à lui tous les suffrages et qui a été si admirablement soutenu par M. Thaller dans une longue note sous un arrêt de cassation (D. 93. 1. 105).

On ne peut vraiment bien connaître les pouvoirs d'une assemblée, que lorsqu'on connaît exactement ce qu'elle représente, le rôle qu'elle joue ou qu'elle doit jouer. M. Thaller part de ce principe et arrive ainsi à démontrer irréfutablement les véritables pouvoirs de l'assemblée extraordinaire.

« L'assemblée générale des actionnaires n'est que l'émanation de la personnalité interne de la Société. » L'actionnaire une fois entré dans la Société a, devant lui, un faisceau compact des forces sociales solidaires entre elles, et l'assemblée n'est par suite que « l'instrument de la volonté supérieure de la Société. » L'assemblée n'est pas seulement une totalisation d'intérêts divers qui se heurtent entre eux, elle est un corps, un tout dont chaque associé est une partie, un chaînon ; mais qui existe en dehors de cette partie et de ce chaînon, qui peut s'y opposer même. Le nombre toujours fort grand des associés dans une Société par actions impose cette conception de l'assemblée.

La Société est un être nouveau qui a un but, une durée, qui se meut par lui-même, qui progresse ou périclite, qui vit ou meurt en dehors des actionnaires. Sa volonté s'exerce à l'aide de toutes les volontés réunies des actionnaires qui ont voulu le tout, et l'on comprend que l'assemblée générale des actionnaires, qui est comme « l'âme même de la personne morale, réglant les intérêts de la collectivité », puisse prendre des décisions qui, sans changer l'état même de la Société, modifient sous certains rapports les clauses des statuts, sans qu'un actionnaire, peut-être seul de son opinion, puisse contredire la décision prise dans l'intérêt de l'existence même de la Société.

Considérons ce qui se passe en nous lorsque nous avons une décision grave à prendre, nos idées s'entrechoquent, le pour et le contre luttent dans notre esprit. Nous nous décidons, mais n'y a-t-il pas toujours en nous une arrière-pensée qui, plus tard, pourra se changer en remords, qui subsiste et forme, si l'on peut dire, une minorité qui est mécontente de la décision prise. Et pourtant il fallait dans notre intérêt même en finir. C'est ce que fait l'assemblée. Etant l'âme de la Société, ou encore pour employer une expression prise à l'anatomie, le cerveau de la Société dont chacun de ses membres est comme un lobe, elle prend librement des décisions dans l'intérêt de la Société.

Cette conception de l'assemblée des actionnaires, qui est adoptée de plus en plus de nos jours, nous amène forcément à conclure que l'assemblée extraordinaire a les plus grands pouvoirs dans le silence des statuts ; mais nous ne voulons cependant pas le faire sans avoir, pour enlever toute hésitation, indiquer que telle est aussi l'opinion du législateur.

Lors de la discussion de la loi de 1893, on s'était principalement occupé, devant l'essor qu'elles prenaient, de faciliter la marche des Sociétés, et pour leur permettre d'adopter sans difficulté les modifications que l'expérience aurait pu leur suggérer, M. Poirrier, sénateur de la Seine (1), avait proposé un amendement dans lequel il était indiqué :

(1) V. M. Bouvier-Bangillon. Traité p. 126.

que l'assemblée générale des actionnaires avait les pouvoirs les plus étendus, moyennant certaines réserves, et
les principales modifications que l'assemblée serait admise
à apporter aux statuts étaient ensuite énumérées. M. Poirrier s'inspirait pour cela de l'art. 53 de la loi belge.

Cet amendement fut repoussé sur l'intervention de M.
Thévenet qui déclara « que cet amendement était inutile,
car les assemblées générales étaient déjà vraiment souve-
raines » et il ajouta : « Nous avons pensé que ce texte
(l'art. 31 de la loi de 1867) était suffisant. D'abord cet
article est aujourd'hui interprété de la façon la plus large
par la jurisprudence. Depuis l'arrêt de la Cour de cassation de 1892, que citait l'honorable M. Poirrier lui-même,
la jurisprudence n'a presque jamais variée, elle a toujours
reconnu aux assemblées générales le pouvoir souverain,
même de modifier les statuts, à la condition de ne pas
changer l'objet de la Société.

«Cet article 31 ainsi interprété par la jurisprudence, nous
paraît donc fort clair ; il est, croyons-nous, de nature à
sauvegarder les intérêts de tous. Il n'y faut rien changer.»

Sur ces paroles l'amendement de M. Poirrier ayant été
rejeté on peut en conclure, malgré l'absence d'une décision
explicite du Corps législatif que la jurisprudence de la Cour
de cassation a reçu en quelque sorte une confirmation
officielle.

Nous pouvons donc répéter maintenant que l'assemblée extraordinaire a plein pouvoir à l'effet d'apporter aux
statuts de la Société toutes modifications non formellement
interdites par les statuts. Mais ce pouvoir de l'assem-

blée est-il absolu et peut-il porter indistinctement sur toutes les modifications ? N'y a-t-il pas des modifications
tellement graves, qu'elles changent la physionomie de la
Société, bouleversent son but et pour lesquelles l'unanimité
est nécessaire ? C'est ce que nous allons voir.

**Cas où les statuts contiennent une clause générale
habilitant l'assemblée à faire des modifications.** — La
clause générale qui ne spécifie aucune modification en
particulier n'apporte pas un grand changement au pouvoir de l'assemblée pour ceux, qui comme nous, admettent, dans le silence des statuts, l'assemblée à faire des
modifications. Cette clause peut donc être considérée par
nous comme superflue. Nos adversaires admettent dans
ce cas certaines modifications, et recherchent, comme
nous allons le faire, quelles sont ces modifications.

Art. II. — Limites qu'il convient d'apporter au pouvoir des Assemblées générales extraordinaires

Dans le cas où une clause du pacte social donne à
l'assemblée le pouvoir général de modifier les statuts,
aussi bien que dans le cas où cette clause n'existant pas
on admet la théorie que nous avons soutenue, il faut se
demander s'il n'y a pas lieu de restreindre le pouvoir de
l'assemblée? Se demander en un mot quelle étendue il
conviendra d'accorder à ce pouvoir?

M. Mathieu, rapporteur de la loi de 1867, a bien soutenu

que l'article 31 conférait aux assemblées générales le droit absolu et illimité de modifier les statuts de la Société ; mais cette opinion est restée sans écho, et nous ne saurions suivre l'honorable législateur dans la voie qu'il a cru pouvoir prendre, sans nous exposer à de grands périls et sans compromettre la solution que nous avons adoptée plus haut relativement aux pouvoirs des assemblées extraordinaires.

S'il est des changements qui, tout en apportant à la Société des modifications que l'expérience a pu démontrer nécessaires, la laissent intacte, il en est d'autres par contre si considérables, portant sur l'objet même de la Société ou sur sa condition sociale qu'ils la bouleversent et ne peuvent certainement être admis sans le consentement unanime des associés, à moins d'une clause formelle des statuts les autorisant.

La Cour de cassation reconnaît à l'assemblée extraordinaire de très larges pouvoirs, elle a rarement décidé qu'une assemblée les avait dépassés (1).

On peut diviser en deux catégories les modifications, il serait peut-être plus exact de dire les changements que ne peut apporter l'assemblée à la Société : 1° Ceux qui anéantissent l'ancienne Société pour la remplacer par une Société nouvelle : 2° Ceux qui portent atteinte aux droits particuliers de l'actionnaire.

Point n'est besoin d'insister beaucoup sur la première catégorie, il est évident qu'un actionnaire qui a consenti

(1) Cassa. du 19 mars 1857. 13 mars 1878. 20 déc. 1882, 30 mai 1892. 31 oct. 1893.

à faire partie d'une Société de produits chimiques ne peut pas être contraint de devenir l'associé d'une Compagnie de tramways, que l'associé qui est entré dans une Société anonyme ne peut contre son gré devenir associé en nom collectif.

L'actionnaire a pu en entrant dans la Société faire abandon de sa personnalité au profit de la « personnalité interne de la Société » figurée par l'assemblée générale, mais on ne conçoit pas cet abandon, fait absolument sans limite. Il paraît tout d'abord raisonnable de cantonner cet abandon dans les limites nécessaires à assurer le bon fonctionnement et le développement rationnel de la Société.

A côté de ces modifications acceptées ainsi d'avance et tacitement par l'actionnaire, il y en a d'autres qui ne sauraient être prises sans porter atteinte aux droits qu'il a entendu se réserver. M. Thaller déclare : « Sous le statut général qui sert de charte de conduite à la Société, le regard perçoit autant de contrats particuliers que de souscripteurs, de contrats rédigés peut-être tous en une commune formule, mais qui n'en font pas moins de chaque adhérent, un stipulant qui limite sa prestation et regarde la Société, l'être moral, comme sa contre-partie. L'actionnaire, sans doute, a consenti à se laisser enchaîner mais pas au-delà d'un certain cercle, que le contrat de souscriptions a précisément pour but de tracer, s'il y a, comme tout porte à le croire, un véritable contrat synallagmatique entre la Société, c'est-à-dire le tout, et l'actionnaire, c'est-à-dire l'individu, l'une des parties contractantes le tout

représenté par l'assemblée est sans pouvoir, pour déna-
turer après coup ce contrat, et mettre à la charge de la
partie opposée des obligations que celle-ci n'avait pas
assumée dès le début ». Et M. Thaller cite parmi les droits
intangibles de l'actionnaire : 1° le droit de n'être pas exclu
de la Société alors que les autres y restent, ou bien de ne
toucher aucun dividende alors que les autres en touchent.
On pourrait résumer cette première série de droits en
disant que l'assemblée ne peut toucher à l'égalité absolue
qui doit exister entre associés.

2° Le droit de limiter son risque au montant nominal de
son action.

3° Le droit acquis à garder ou à négocier son titre.

Enfin, il est un droit qu'on ne peut enlever à tout actionnaire, c'est celui de traiter avec une Société régulièrement
formée, et ce droit se traduit par celui d'intenter l'action
en nullité de la Société alors même que les statuts illéga-
lement constitués auraient été ratifiés par une assemblée
générale(1).

Il va sans dire que l'assemblée générale extraordinaire
ne pourrait voter des modifications qui porteraient atteinte
aux droits acquis à des tiers.

Quelles sont donc les modifications qui pourront être
votées par l'assemblée générale extraordinaire ? Nous
connaissons maintenant le critérium qui nous permettra
de répondre à cette question, c'est-à-dire que l'assemblée
des actionnaires pourra décider toutes les modifications

(1) Paris, 20 juin 1891. Pand. Fr. 92-2-177. T. Note de M. Thaller s. cas. 26 nov. 9
D. P. 95-1-57.

qui ne touchent pas aux droits particuliers et intangibles des actionnaires. Mais il ne serait guère possible à priori de faire ce que l'on pourrait appeler le catalogue des différentes modifications qui pourraient être adoptées. Il faut donc de toute nécessité qu'aux lumières des principes généraux que nous avons établis, nous recherchions pour chacune des modifications qui peuvent devenir nécessaires dans une Société, si elle fait partie de celles que l'assemblée peut voter.

M. Poirrier, sénateur de la Seine (1), lors de la discussion de la loi de 1893, avait voulu faire adopter un amendement dont il a déjà été parlé plus haut, et qui énumérait les modifications que pourraient apporter les assemblées aux statuts. Nous savons que cet amendement fut repoussé, mais il y a dans la réponse que fit M. Thévenet, rapporteur de la loi, une phrase qu'il est bon de rappeler pour indiquer combien il peut être dangereux soit pour le législateur, soit pour l'interprète d'une loi d'établir une énumération de droits. « Dans un texte législatif, dit M. Thévenet, il est souvent imprudent de procéder par énonciation, car, quelle que soit l'attention du législateur, il peut commettre un oubli, le texte qu'il a rédigé devient donc incomplet au grand préjudice de tous, car les tribunaux interpréteront avec raison l'énonciation comme étant limitative. »

Législation étrangère. — Nous avons constaté l'absence de réglementation des assemblées générales extraordi-

(1) V. M. Bouvier-Bangillon, Traité. p. 127.

naires dans notre législation, il en est à peu près de même dans les législations étrangères. Cependant les Parlements ont, depuis quelques années, grâce à un plus grand souci des affaires, apporté quelques innovations aux lois sur les Sociétés. Nous allons rapidement les passer en revue.

La loi allemande du 18 juillet 1833 reconnaît aux assemblées générales d'actionnaires le droit de modifier le pacte social (art. 215). Ce Code ne fixe pas de quorum pour la validité des délibérations modifiant ce pacte ; il décide seulement que ces décisions ne pourront être prises qu'à une majorité constituée par les trois quarts du capital représenté. L'assemblée réunissant cette majorité peut prendre toutes les décisions dans l'intérêt de la Société, même celles touchant à son objet.

On admet cependant que les statuts pourraient autoriser pour les modifications ordinaires et simples une majorité moins forte.

Angleterrre. Les lois sur les Sociétés ont été souvent remaniées en Angleterre. On trouve une loi du 7 août 1862. Un acte du Parlement du 20 août 1867 relatif aux réductions du capital. Un acte du 18 août 1890 permettant aux Sociétés, sous certaines conditions, de modifier leur « memorandum » (Charte de la Société) et leurs statuts. La majorité doit être composée comme dans la législation allemande des trois quarts des membres présents.

De plus, il faut que la décision prise soit ratifiée à la simple majorité par une deuxième assemblée tenue dans la seconde moitié du mois qui suit la première assemblée.

Une copie des deux délibérations doit être envoyée au *Registrar of joint Stock companies*.

Ces assemblées ont des pouvoirs très étendus, et la loi de 1890 prévoit différents cas dans lesquels elles sont autorisées à voter des modifications touchant l'objet de la Société.

Italie. Le Code de commerce italien contient, depuis le 1er janvier 1893, des dispositions spéciales sur le régime des Sociétés qui règlent avec beaucoup de précision la composition des assemblées d'actionnaires et l'étendue de leurs pouvoirs. Les assemblées se composent de tous les actionnaires. Ceux possédant une à cinq actions ont une voix ; cinq à cent actions une voix par fraction de cinq ; au-dessus de cent actions, une voix en plus par vingt-cinq actions.

Les délibérations ne sont valables qu'autant que les actionnaires présents représentent les trois quarts du capital.

Le législateur a pris soin ensuite de spécifier quelles seraient les modifications que pourrait voter l'assemblée. Nous y trouvons entre autre, la dissolution anticipée, la fusion avec une autre Société, le changement de l'objet de la Société. L'assemblée a donc les pouvoirs les plus étendus.

Dans les modifications importantes le législateur tenant compte qu'on ne peut retenir malgré lui dans la Société un actionnaire qui proteste contre les discussions prises permet aux associés composant la minorité de se retirer en exigeant le remboursement de leurs actions au taux déterminé par l'actif social suivant le bilan. Ces actionnaires ont, pour se retirer de la Société vingt-quatre heures s'ils étaient présents à l'assemblée, et un mois s'ils étaient absents.

Belgique. La loi du 18 mai 1873 autorise les assemblées générales d'actionnaires à voter à une majorité qui doit comprendre les trois quarts des membres présents, toutes modifications aux statuts sauf celles qui touchent à l'objet essentiel de la Société. Elle n'a pas voulu établir une énumération des modifications possibles, de peur de préjuger pour d'autres modifications la non possibilité de les faire. On retrouve donc en Belgique la même controverse qu'en France.

Hongrie. Le Code hongrois du 10 mai 1875 a prescrit pour les principales modifications à faire aux statuts des règles spéciales, notamment pour l'augmentation et la réduction du capital social.

L'article 174 réserve expressément aux actionnaires le droit de réclamer au cas où une résolution violerait la loi ou les statuts.

Art. III. — Principales modifications aux Statuts qui peuvent devenir nécessaires dans une Société

Nous avons établi plus haut qu'il nous était impossible de faire à priori la nomenclature des modifications que peut apporter l'assemblée générale des actionnaires aux statuts de la Société ; nous allons essayer maintenant, au moyen des principes posés, de déterminer quelles modifi-

11

cations pourront être votées par la simple majorité des actionnaires, quelles sont celles au contraire pour lesquelles il faut réunir l'unanimité.

§ I. **Modifications relatives à la gestion.** —Nous n'insisterons pas beaucoup sur les modifications contenues dans ce paragraphe, car on s'accorde en général pour permettre à l'assemblée des actionnaires de les voter.

L'assemblée peut augmenter ou diminuer le nombre des administrateurs, leur conférer des pouvoirs nouveaux (1), restreindre leur pouvoir, changer le chiffre de leurs appointements, leur demander un cautionnement, augmenter ou diminuer celui qu'ils pourraient avoir déjà fourni, les astreindre à des réunions plus fréquentes, leur conférer ou leur enlever le droit de se substituer un directeur étranger ; l'assemblée peut aussi prendre à l'égard des commissaires de surveillance les mêmes mesures en tant qu'elles sont compatibles avec leur mission.

L'assemblée pouvant étendre les pouvoirs des administrateurs pourrait, par la même raison, ratifier les décisions qu'ils auraient pu prendre dépassant la limite de leurs pouvoirs.

Mais quels seront les effets d'une transaction faite par une assemblée extraordinaire, relativement à des fautes graves commises par les administrateurs, sur les actions qui peuvent compéter individuellement aux actionnaires à l'encontre des administrateurs ?

Il est évident, tout d'abord, que cette question ne se

_____

(1) Paris, 7 août 1880 - D. sup. au mot soc. n° 1696 note.

pose que pour ceux qui admettent la possibilité pour l'actionnaire d'agir individuellement ; un système presque abandonné aujourd'hui soutient qu'il s'agit ici d'une action de mandat qui ne peut être exercée que par le mandant à l'encontre de son mandataire et qu'en l'espèce le mandant n'est pas l'actionnaire pris en particulier mais bien la Société.

La décision de l'assemblée ratifiant les actes critiqués des administrateurs, ou donnant quitus de leurs comptes, sera opposable aux actionnaires, à condition, toutefois, que les modifications apportées ainsi indirectement aux statuts peuvent être rangées parmi celles qui sont permises à l'assemblée (1).

Indiquons en terminant que l'actionnaire conserve le droit d'agir individuellement contre les administrateurs, au cas où il pourrait arguer contre eux d'un dommage particulier, au cas, en un mot, où il pourrait être considéré comme un tiers au regard de la Société.

L'assemblée peut changer l'époque de la clôture des livres et de l'échéance des coupons, ce qui pourra entraîner par contre-coup des changements dans les époques de réunions des assemblées ordinaires. Mais cette dernière décision n'est, en somme, qu'une pure mesure d'administration, qui pourrait être prise aussi bien par une assemblée ordinaire.

L'assemblée pourra créer un fonds de réserve spécial, ou fonds de prévoyance au moyen d'un prélèvement sur

(1) Cas. 21 juin 1881. D. P. 81. 1. 465. Cas. 13 nov. 93. B. S. 94. 530.

les bénéfices, à l'attribution desquels les actionnaires avaient le droit de prétendre, sans cependant supprimer toute distribution (1), supprimer un fonds de réserve spécial. Appliquer, au besoin, les bénéfices annuels à payer certaines dépenses extraordinaires, mais cela dans des cas exceptionnels, car les actionnaires ont le droit absolu d'encaisser chaque année une quote-part des bénéfices sous forme de dividende.

§ II. **Modifications au Capital social.** — *a)* **Augmentation.**— L'augmentation du capital constitue-t-elle par elle-même, abstraction faite des moyens qu'on peut employer pour y parvenir, une décision qui puisse être prise par l'assemblée générale extraordinaire ? Un assez grand nombre d'auteurs déclarent qu'elle ne peut être décidée que par l'unanimité des actionnaires, à moins d'une disposition formelle des statuts habilitant l'assemblée géné rale à la voter (2).

Pour justifier leur sévérité ces auteurs déclarent les uns (3) qu'il y a création d'une Société nouvelle toutes les fois qu'on augmente le capital sans que les statuts l'aient autorisé ; les autres (4) qu'il y a une sorte de nouvelle constitution partielle de la Société (5).

Mais l'opinion qui nous paraît préférable et celle qui est

(1) Aix, 18 août 1878.
(2) Vavasseur, n° 376.
(3) Pont. traité des Soc. civ. et co. T. II, n° 876. V. aussi note Griollet. D. 69, 2, 146. J. des Soc. 84, p. 482.
(4) Lyon-Caen et Renault, n° 870. C'est l'opinion allemande, sic. Nissem.
(5) Houpin, n° 478.

adoptée par la jurisprudence (1) et par quelques auteurs très écoutés, c'est que l'augmentation du capital n'est qu'une simple modification du pacte social. Pour décider qu'il y a constitution de Société nouvelle, il faudrait l'expression de la volonté des actionnaires. Et, en effet, on ne peut distinguer, ainsi que le fait M. Pont, et déclarer qu'il y a Société nouvelle dans le cas où les statuts sont muets et qu'il n'y a au contraire qu'une modification, permise à l'assemblée générale, dans le cas où les statuts ont prévu l'augmentation. C'est ce que dit M. Vavasseur, n° 377 : « Une distinction n'est pas admissible, car une simple augmentation du capital social prévue ou non par le contrat, ne saurait avoir la puissance de détruire la Société elle-même pour la remplacer par une autre ».

On ne saurait non plus, et pour les mêmes raisons, adopter un système intermédiaire et dire comme MM. Lyon-Caen et Renault, qu'il y a nouvelle constitution partielle de la Société.

La jurisprudence s'est arrêtée à un excellent système qui concilie heureusement tous les intérêts. L'augmentation du capital, estime-t-elle, est régulièrement votée par une assemblée générale extraordinaire toutes les fois que le mode employé ne porte pas atteinte soit au droit propre de l'actionnaire, soit au principe d'égalité qui doit régner entre les associés. Dans le cas contraire, la décision tendant à augmenter le capital doit être prise à l'unanimité.

(1) Paris, 13 mai 84. J. S. 85, 441. Bordeaux, 25 janv. 88. J. S, 89-87 Wahl, n° 78. Cas. 13 mars 1878. D, 78, 1, 305. Bourgeois, J. S. 88, 318. Thaller 93, 1, 105.

Cette solution est fort exactement justifiée par M. Wahl qui analyse ainsi l'opération intervenue, assimilant le cas de l'augmentation du capital à celui de l'entrée d'un nouvel associé dans une Société de personnes : « L'entrée d'un nouvel associé dans cette Société (de personnes) augmente le nombre des personnes qui constituent l'un des éléments essentiels de la Société ; l'entrée d'un nouveau capital dans une Société par actions, augmente le chiffre du capital qui constitue l'essence de la Société de capitaux. Or, l'entrée d'un nouvel associé dans une Société de personnes n'a jamais été considérée comme formant le point de départ d'une nouvelle Société, la même Société continue avec une personne en plus (art. 1861 C. civ.). L'association de nouveaux capitaux dans une Société de capitaux doit, par analogie, avoir le même caractère ».

Il y a si peu Société nouvelle que le fisc n'a pas pu encore trouver un semblant de raison pour percevoir des taxes sur la partie primitive du capital.

Une Société par actions a plusieurs moyens pour se procurer de nouvelles ressources ; mais tous ne constituent pas une augmentation de son capital et il importe de les éliminer pour éviter une confusion. Le premier procédé consiste à faire verser par les porteurs d'actions non entièrement libérées le reliquat de ce qu'ils doivent encore. Le second procédé est d'émettre un emprunt par voie d'obligations, mode qui est souvent préféré à l'augmentation du capital ; car l'émission d'obligations n'augmente pas le nombre des personnes appelées à partager les bénéfices.

Dans ces deux hypothèses le chiffre du capital social n'est pas modifié, il ne saurait donc être question de l'intervention d'une assemblée générale extraordinaire. Une simple assemblée ordinaire pourra décider l'appel de fonds, ou l'émission des obligations même hypothécaires. A moins que ce pouvoir n'ait été délégué soit par les statuts, soit par une assemblée d'actionnaires au conseil d'administration.

Reste le troisième moyen, qu'une Société peut employer pour se créer des ressources, et qui constitue bien l'augmentation du capital social et une modification aux statuts. Il s'agit de l'émission d'actions nouvelles ou de l'augmentation du chiffre des actions anciennes.

L'émission d'actions nouvelles est le procédé le plus commode et le plus usuel, et la raison en est bien simple, en augmentant le taux des actions anciennes, les actionnaires actuels seront contraints à verser le surplus réclamé ou bien, s'ils n'ont pas d'argent disponible, ou encore s'ils estiment leur apport ancien suffisant, ils seront obligés de se débarrasser de leurs titres, de subir une exécution en bourse. Ce procédé peut donc ainsi conduire à l'expropriation des actionnaires, qui veulent s'en tenir à leur premier versement, pour ne point augmenter leurs risques. Aussi une Société ne pourrait-elle augmenter un capital par ce moyen si ce n'est en réunissant l'unanimité de ses actionnaires (1).

(1) Paris. 26 juillet 1887. D. 1883. 2-445.

Une Société peut procéder de différentes façons pour émettre des actions nouvelles :

1° Faire une émission publique d'actions nouvelles sans restrictions, toute personne pouvant y prendre part.

2° Attribuer de quelque façon que ce soit des actions nouvelles aux anciens actionnaires, tout en leur laissant un droit d'option.

3° Convertir ses dettes en actions nouvelles.

4° Convertir un fonds de prévoyance en actions.

1° **Emission publique d'Actions nouvelles.**— Etant admis que la Société peut augmenter son capital ce mode d'augmentation est celui qui sans contredit est unanimement accepté.

Actions de Priorité.— Tout ce qui a été dit jusqu'ici touchant l'émission d'actions, ne s'applique évidemment qu'à l'émission d'actions ordinaires. Nous devons examiner maintenant s'il en serait de même au cas où la Société voudrait augmenter son capital en créant des actions privilégiées?

Quelquefois la Société qui veut augmenter son capital est dans un état de gêne, tout au moins de crise, et pour amener le public à souscrire les actions qu'elle émet, elle se verra obligée de consentir quelques avantages, suffisamment justifiés, puisque c'est aux nouveaux souscripteurs que la Société devra son regain de vie.

L'assemblée générale est-elle compétente pour décider une semblable émission à la simple majorité des voix ?

Pour la négative on a invoqué l'égalité qui doit exister entre actionnaires et qui implique un droit égal pour chacun d'eux au partage des bénéfices. On considère la création d'actions de priorité comme une atteinte portée aux droits inhérents à la qualité d'actionnaire. On cite encore l'article 34 du Code de commerce qui dit que le capital social sera divisé en actions et en coupons d'actions d'égale valeur. L'actionnaire primitif qui est entré dans la Société sous la foi de cet article ne peut voir un nouvel actionnaire passer devant lui.

Mais nous ne voyons pas pourquoi l'assemblée générale ne pourrait pas, à la simple majorité, créer des actions de priorité. L'article 34 du Code de commerce édicte bien que les actions seront d'égale valeur ; mais ce n'est pas là une règle qui soit de l'essence même du contrat intervenu entre les associés et la Société.

Cet article signifie simplement : « Qu'il n'appartient pas à un groupe de porteurs de profiter de son influence pour s'assurer désormais, dans un vote de modification, un rendement privilégié par rapport à d'autres actionnaires de même série (1) ».

Le système que nous adoptons, soutenu par M. Thaller, est loin d'être admis unanimement, il ne blesse cependant pas comme on pourrait le croire le droit de l'actionnaire. Exiger l'unanimité pour créer des actions de priorité c'est rendre impossible, le plus souvent, l'arrivée du nouveau capital dont la Société peut avoir un pressant besoin, c'est

(1) Thaller, op. cit.

vouer la Société, qui végète et qu'une nouvelle impulsion peut lancer vers le succès, à une mort certaine.

Le droit de l'actionnaire, le droit intangible consiste à ne pas être contraint à un sacrifice sans compensation, et si dans l'hypothèse présente il y a un sacrifice de la part de l'actionnaire, et qui consiste à laisser prélever au profit des nouveaux actionnaires une certaine partie du bénéfice qui servira à rémunérer le capital qu'ils ont apporté, ce sacrifice aura été compensé par l'apport nouveau qui a été fait.

Autorisant l'assemblée générale extraordinaire à émettre des actions de priorité, nous devons admettre à fortiori l'émission d'actions dont le droit aux dividendes sera inférieur à celui des anciens actionnaires. Les nouveaux ne pourront se plaindre de cette situation qu'ils connaissaient lors de leur souscription, et le sacrifice qu'ils consentent est compensé par les aléas courus par la Société, et qu'ils n'ont pas eu à courir.

2° Augmentation du Capital opérée en ne s'adressant qu'aux anciens Actionnaires. — *a)* La souscription des nouveaux titres est réservée aux anciens actionnaires : si elle est libre, aucune difficulté ; si, au contraire, elle est forcée, elle ne peut plus être décidée que par l'unanimité des actionnaires.

Contraindre un actionnaire à augmenter sa mise est certainement porter atteinte à ses droits (1). Il n'est pas nécessaire d'insister.

(1) Lyon-Caen Renault, 873 - Houpin, 478 - Wahl n°s 29 et 116. Seine, 28 mai 1886. J. S. 90 - 135. Paris, 26 juil. 1887 D. 88 - 2 - 445.

b) Pour se procurer des fonds la Société peut aussi dédoubler ses anciennes actions. Cette combinaison consiste à diviser une action en deux autres actions de la même valeur que l'action primitive, et d'exiger du porteur un versement complémentaire. Pour les mêmes raisons qui viennent d'être données, cette manière de procéder ne peut être imposée aux actionnaires sans leur consentement unanime.

c) L'augmentation du capital peut avoir lieu aussi par le dédoublement ou le triplement des actions ; on décide par exemple que chaque action de 500 fr. deviendra une action de 1.000 fr. et que les actionnaires verseront le surplus. L'actionnaire ayant encore ici à augmenter sa mise de fonds du double ou du triple ne peut y être contraint que par sa volonté propre.

3° **Conversion des dettes de la Société en actions nouvelles.** — Une Société fortement endettée pourrait, pour liquider sa dette offrir à ses créanciers leur paiement en actions. Cela constituerait encore une augmentation de capital, qui se produira rarement, mais qu'il était bon cependant de faire connaître pour indiquer qu'elle serait absolument régulière.

4° Conversion du fonds de prévoyance en actions. — Il ne s'agit pas là évidemment du fonds de réserve légale, mais de celui créé en vertu d'une clause des statuts ou d'une délibération de l'assemblée des actionnaires. Cette réserve spéciale pourrait être distribuée aux actionnaires par un simple vote à la majorité des voix. Certains auteurs (1) voudraient que dans tous les cas le consentement de l'unanimité des actionnaires fût nécessaire pour l'émission des actions devant être créées et délivrées en représentation du fonds de réserve. On ne voit pas quelle raison peut faire décider ainsi ; les anciens actionnaires sont ils lésés dans leur droit? certes non, car ou bien les actions créées resteront aux mains de la Société, et le dividende qui leur sera attribué restera à l'actif de la Société, ou bien les actions créées seront distribuées aux anciens actionnaires en proportion des titres qu'ils possèdent. On peut donc, sans hésiter, décider que l'assemblée des actionnaires peut voter la conversion du fonds de réserve spécial en actions. (2)

Formalités que suivent l'augmentation du capital. — Quand les actionnaires ont voté l'augmentation du capital social on est amené à se demander quelles sont les formalités qu'il fraudra remplir pour régulariser cet accroissement du capital social.

On est à peu près unanimement d'accord (3) aujourd'hui pour déclarer que lors de l'augmentation du capital d'une Société par actions il faut recourir aux dispositions de la loi de 1857 modifié par la loi du 1er août 1893, touchant la souscription intégrale des actions et le versement du quart.

La raison principale de cette assimilation est qu'il n'y

(1) Houpin, 478
(2) Thaller, D-93-1-112
(3) Cas. 19 oct. 92 Pand, 93-1-99, Cas. 2 mai 87. Cas. 20 juin, Pand, 92-II-177.

a pas de différence à faire entre le capital originaire et le capital nouveau ; tous deux étant la garantie des tiers doivent être soumis, pour assurer cette garantie, aux mêmes prescriptions.

Il faudra donc exiger la souscription intégrale du capital et le versement de la totalité ou du quart, la déclaration notariée et enfin l'approbation d'une assemblée générale d'actionnaires.

Quelle sera la composition de cette assemblée ? On a essayé (1) de soutenir que seuls les nouveaux actionnaires devaient y assister, les anciens étant considérés à leur égard comme des apporteurs. Mais outre que cette considération ne peut pas être prise parce que les anciens actionnaires n'ont pas agi eux-mêmes pour préparer l'émission, ces anciens actionnaires ont le plus grand intérêt à figurer à cette assemblée pour vérifier, eux aussi, ce qui a été fait. Comme le dit fort bien M. Houpin (2) : « Si le conseil d'administration doit faire la déclaration il n'a pas qualité pour se contrôler lui-même. Ce sont les actionnaires intéressés qui doivent faire cette vérification. Or, les anciens actionnaires ont autant et même plus d'intérêt que les nouveaux souscripteurs à s'assurer que le capital qui vient s'adjoindre au capital originaire, pour participer avec lui aux bénéfices de la Société, a été constitué dans les conditions légales » (3).

(1) Wahl, nº 60.
(2) 487.
(3) Paris, 20 juin 91. J.S. 92 p. 70. Cas. 19 oct. 92. S. 93, 1, 89, note Houpin, J. S. 92, 495.

Un magistrat (1) a cru devoir soutenir que les anciens actionnaires devaient être considérés comme de véritables fondateurs d'une Société, comme des apporteurs en nature. Selon lui, ils apportent l'actif de la Société à laquelle ils appartiennent, et comme conséquence il les les exclue du vote.

Ce système aurait une apparence de logique si son auteur soutenait en même temps que la Société ancienne disparaît pour faire place à une nouvelle Société, mais il déclare hautement que l'augmentation du capital ne donne pas naissance par elle-même à une Société nouvelle, quand elle a été autorisée par les statuts.

Disons, en terminant, qu'on ne saurait non plus admettre une théorie qui exige une nouvelle vérification des apports faits lors de la constitution de la Société, ces apports se sont fondus dans la Société, ont pu par leurs services perdre de leur valeur. Ils ne seront pas soumis à une nouvelle vérification, même au cas où au début il n'y aurait pas eu lieu à vérification (loi de 1867, art. 4, *in fine*), à moins toutefois qu'il n'y ait fraude de la part des anciens actionnaires.

b) **Réduction du Capital.**— Il est une première difficulté, qu'il importe que nous éliminions dès maintenant, c'est celle qui touche aux conflits qui pourront surgir entre la Société et ses créanciers. Le capital social constituant le gage des créanciers on comprend que son

(1) M. Ditte. av. gén. Concl. sur l'arrêt de Paris, 20 juin 91. G. des Trib. **28** août. La cour n'a pas admis cette théorie.

chiffre s'impose au respect des assemblées qui ne peuvent le modifier qu'en portant atteinte aux droits des tiers qui traitent avec la Société. Et l'on comprend que les créanciers antérieurs à la modification puissent toujours exercer leurs droits sur le capital originaire et qu'il faille prendre des mesures de publicité pour annoncer la réduction aux créanciers à venir.

Entre actionnaires la réduction du capital social peut-elle être décidée par la simple majorité des voix? Ou bien faut-il l'unanimité? Faut-il en outre que, pour que pareille décision soit prise, les statuts l'aient formellement permis, ou encore qu'ils aient donné à l'assemblée un pouvoir général pour modifier les statuts.

Certains auteurs (1) et quelques arrêts contraires à la jurisprudence considérant le capital social comme un élément essentiel du contrat qui lie les associés exigent, au cas où les statuts n'autorisent pas la réduction, l'una-nimité des actionnaires. Nous ne reviendrons pas sur la discussion soutenue plus haut à propos de l'augmentation du capital. La solution que nous avons donnée sera, par identité de motifs, celle que nous donnerons ici : Le chiffre du capital social n'est pas un des éléments essentiels du contrat de Société, et nous avons admis qu'on pouvait l'augmenter, c'est-à-dire le modifier, sans l'assentiment unanime des actionnaires, alors que les statuts étaient muets sur la question. La jurispru-

(1) Lyon-Caen et Renault 866. Boistel D P. 52-2-385. C. Paris 15 mars, J. S. 90-533 note Heinar concl. S. 78-2-116. Lyon-Caen. J. S. 80 p. 277. Pont n- 1689. V. Labbé S. 81-1-441. Houpin article J. S. 94. p. 514.

dence (1) est en ce sens et décide qu'à moins d'interdiction dans les statuts, l'assemblée générale des actionnaires peut décider valablement la réduction du capital sous réserve du droit des tiers.

Il n'y a pas à distinguer comme le fait un auteur (2) et à admettre le vote de la réduction par l'assemblée dans le cas où le capital social ayant subi une dépréciation il s'agit de le mettre en harmonie avec le capital réel. Une réduction opérée dans ces conditions, dit-il, ne nous paraît pas constituer une modification à l'un des éléments essentiels de la Société. C'est une opération de sincère et loyale administration. Puisqu'elle existe de fait, pourquoi ne pourrait-elle être rendue légale et publique ?

Qui ne voit cependant que dans le cas où le capital est déprécié aussi bien que dans celui où il ne l'est pas, il y a modification et modification qui aura bien souvent comme heureux résultat de faire distribuer immédiatement des dividendes à des actionnaires qui n'en touchaient pas par suite de l'emploi des bénéfices à la reconstitution de l'actif.

De plus, rien dans les textes ne justifie la distinction faite par l'auteur précité. Et lorsque nous lisons son argument suprême : « Exiger le consentement de tous les actionnaires serait rendre la réduction impossible et obli-

(1) Seine 11 avril et 1ᵉʳ oct. 83. J. S. 84-156 et 162. Paris, 13 mars 84. J.S.85-441 13 janv. 85 J. S. 85-611. Seine, 11 nov. 87 J. S. 88-201. Paris, 6 fév. 91. D P. 92-2-385. Cas 30 mai 92 D.P. 93. D.P.94 1-105. 29 janv. 94. 1-313. 20 janv. 94. Pand. 94.1-409. Bourgeois, J. S. 88-46. Contra isolé. C. Paris 15 mars 90. J. S. 90-533 note.
(2) Houpin 864.

ger la Société ou à tromper les tiers par l'annonce d'un capital perdu en partie, ou à se dissoudre, » nous ne pouvons que nous réjouir d'avoir adopté le système que nous avons présenté et qui donne aux assemblées générales le droit de modifier le capital social en tout état de cause.

Hypothèses dans lesquelles il y a lieu à réduction. — Ce principe bien établi examinons dans quelles hypothèses peut se présenter la nécessité de réduire le capital.

La Société peut tout d'abord avoir plus de capitaux qu'il ne lui en faut, l'excédent est embarrassant pour la Société, le dividende porté sur une surface trop large ne paraît pas ce qu'il est en réalité. En réduisant le capital, la Société aura plus de vigueur, le cours des actions sur le marché aura moins de lourdeur. La proportion de dividende attribuée aux actionnaires ne changera pas, et ceux-ci rentreront dans une partie de leurs capitaux qu'ils pourront employer avec fruit dans une autre entreprise.

Il peut aussi arriver que la Société, n'ayant appelé qu'une partie du taux nominal de chaque action, ait suffisamment de capitaux pour vouloir décharger les souscripteurs de l'obligation éventuelle qui pèse sur eux de compléter leur mise. Dans ce cas, la Société peut avoir intérêt à réduire le capital au montant des sommes versées.

Enfin, la Société peut être amenée à réduire son capital, par suite de pertes subies ; dans ce cas, l'assemblée ne fait que constater un état de fait ; de plus cela vaut mieux pour l'actionnaire. Désormais son titre aura une valeur effective égale à sa valeur nominale, sa négociation pourra s'effectuer plus facilement à la bourse, et enfin la Société étant dispensée de reconstituer son capital il touchera aussitôt un dividende.

Modes de Réduction. — Etant admis que l'assemblée peut à la majorité des voix voter la réduction du capital social, il est bon d'examiner quels moyens pourront être employés pour y arriver. Et si parmi ces moyens l'assemblée pourra choisir indifféremment.

On peut ramener les modes de réduction du capital à deux principaux :

1° Réduction du montant nominal de l'action ;

2° Réduction du nombre des actions.

1° Réduction du montant nominal de l'action. — Une Société a été fondée au capital nominal de un million, divisé en mille actions de 1.000 francs chacune. On s'aperçoit ensuite que les affaires ne sont pas aussi importantes qu'on le pensait au début ; que dans le capital souscrit il y a un excédent. Supposons que cinq cent mille francs suffisent pour assurer la marche de la Société. Si les actions ne sont libérées que de moitié, il sera très facile de réduire leur taux nominal à cinq cents francs, les actionnaires seront libérées du surplus.

Supposons maintenant le capital entièrement versé. On rembourse à chaque actionnaire une somme de cinq cents francs et, désormais, au lieu d'une action de mille francs, il n'en a plus qu'une de cinq cents. Il en sera de même en cas de perte du capital, on réduira chacun des actionnaires en proportion de la réduction qu'on aura fait subir au capital.

Ce mode de réduction ne portant que sur le taux nominal de l'action est loin de porter atteinte aux droits intangibles des actionnaires que nous avons énumérés supra. On a bien essayé de soutenir que l'actionnaire se trouve par le fait exproprié d'une partie de son action ; mais il reste dans la Société, il continue à toucher des dividendes, et comme ces dividendes sont répartis proportionnellement entre chaque actionnaire, il touche toujours autant. Ce mode de réduction est donc fort simple, il a l'avantage de laisser intact le droit de chaque actionnaire, malheureusement il n'est pas toujours utilisable. Car si on se trouve en présence d'actions dont le taux nominal n'est pas plus élevé que le minimum prévu par la loi (sous l'empire dé la loi de 1867 : 100 fr. ou 500 fr.) il sera impossible de le réduire.

La loi de 1893 en portant à 25 et 100 fr. le taux minimum des actions donne une certaine marge à ce mode de réduction, car il n'y a aucun inconvénient à l'appliquer aux Sociétés antérieures à 1893.

Au cas où dans une Société des actions seraient libérées entièrement et d'autres non, la réduction du capital ne pourrait s'opérer par la remise des versements que les porteurs d'actions non libérées auraient à faire, qu'autant que cette décision serait prise par l'unanimité des actionnaires (1).

(1) Cas., 30 mai 1892. — D. P. 93-1-105 in fine.

2° Réduction du nombre des actions.— Il peut arriver que la réduction du montant nominal des actions ne soit pas possible ; il restera à la Société la ressource de diminuer le nombre des actions.

a) **Echange d'un nombre déterminé de titres contre un nombre inférieur.** — Une Société peut-elle ainsi décider que deux actions entièrement libérées de 500 fr. ne donneront droit qu'à une action entièrement libérée de 500 francs.

Si tous les associés ont un nombre d'actions divisible par deux, aucune difficulté. Il n'en est plus ainsi quand l'un d'eux possède trois actions par exemple. Après avoir obtenu une nouvelle action contre deux des trois anciennes qu'il possédait, il lui restera encore une action ancienne. Qu'en fera-t-il ? Il sera donc forcé ou d'en acheter une autre, ou de vendre celle qui lui reste. Il y a là, semble-t-il, une atteinte portée aux droits acquis à l'actionnaire, aux droits que nous lui avons reconnus de ne pas augmenter sa mise malgré sa volonté, de négocier ou de garder son titre. Et pour ce motif nous devons, en principe, repousser ce mode de réduction.

Cependant la jurisprudence (1) admet aujourd'hui, de la façon la plus nette, que sauf disposition contraire des statuts, l'assemblée générale qui réduit le capital social peut employer le moyen qu'il lui plaît, à la seule condition

(1) Paris, 13 mars 1884. J. S. 85-441 et 13 janv. 85. J. S. 85-611. — Cas , 30 mai 92 D. P. 93-1-105. — Cas. 29 janv. 94. D. P. 94-1-313. — Pand 94-1-409. — Cas., 3 oct. 93. J. S. 94-66. — V. note Lyon-Caen. S. 92-1-567. — C. Lyon, 30 déc. 92. J. S. 94-17. — Contra Paris, 15 mars 90. J. S. 90-533.

de respecter le droit des tiers, et dès lors par cela même elle autorise le mode de réduction dont nous nous occupons. L'idée qui ressort des deux arrêts de cassation du 30 mai 1892 et du 29 janvier 1894, c'est qu'en imposant aux actionnaires, ne possédant pas un nombre d'actions divisible par le chiffre d'actions anciennes qu'il leur faudra remettre pour en avoir une nouvelle, l'obligation de compléter ou de réduire le nombre de ses titres, l'assemblée ne touche pas aux droits essentiels des associés, pourvu que tous supportent également les conséquences. de la réduction.

La Cour de cassation n'a pas pu, selon nous, justifier complètement ses arrêts. C'est pour cela que nous refuserons à l'assemblée délibérant à la simple majorité, le droit de réduire le capital social en employant un moyen qui va à l'encontre des droits intangibles que nous avons reconnus à l'actionnaire (1), en le forçant à vendre ou à acheter, à disparaître de la Société ou à augmenter sa mise. Sans doute, des considérations pratiques pourront être soulevées à l'encontre de notre système ; sans doute, et nous le reconnaissons sous le couvert des arrêts de cassation, des réductions de capital s'opèrent la plupart du temps par une diminution du nombre des actions ; mais il n'en est pas moins vrai que cela est absolument contraire à notre loi actuelle et aux principes établis, lorsque les statuts n'ont pas formellement autorisé ce moyen.

Deux honorables professeurs qui combattent avec beau-

(1) Sic. Ch. Lyon-Caen. S. et J P. 92. 1, 561.

coup d'énergie la jurisprudence dont il est ici question, se laissent cependant gagner par les sérieuses difficultés que peuvent rencontrer les Sociétés et admettent l'assemblée générale à réduire le capital social en diminuant le nombre des actions ; mais en y mettant des conditions qui peuvent toutes se ramener à celle-ci : C'est que la Société facilite autant que possible l'échange des actions (1). M. Lacour indique un système fort intéressant et qui consisterait pour la Société à rembourser au cours actuel les actions qui seraient présentées à ses guichets, pour les remettre au même prix à ceux qui les désireraient. Et si, en fin de compte, quelques titres anciens restaient aux mains de la Société, cette dernière serait libre d'offrir au public les titres nouveaux qui seraient la représentation des anciens.

Toutes ces combinaisons sont vraiment ingénieuses et font ressortir la nécessité impérieuse d'une loi nouvelle.

b) **Remboursement et Rachat des Actions**. — Le remboursement s'effectue en restituant à tous les associés, ou à quelques-uns seulement désignés par le sort, tout ou partie de leur mise. Il faut distinguer deux sortes de remboursement : celui qui est fait dans le but d'amortir le capital, sans que pour cela le capital soit réduit nominalement, et celui qui a pour but de réduire le capital. Le premier remboursement se fait à l'aide des bénéfices réalisés par la Société, et quand une action est totalement remboursée, elle est remplacée par une action de jouissance.

(1) M. Thaller, loc. cit. M. Lacour, D. 94, 1, 313.

Le second mode de remboursement, qui est pratiqué par une Société dont les affaires ne sont pas brillantes et qui veut réduire son capital, ne peut pas davantage être adopté sans l'adhésion de l'unanimité des associés. Nous n'insisterons pas, pour ce second mode qui constitue, en somme, une expropriation pure et simple de l'actionnaire remboursé.

Rachat. — Les actions peuvent être de beaucoup au-dessous de leur taux d'émission, la Société qui veut réduire son capital aura moins à dépenser, si au lieu de rembourser une partie de ses associés, elle se contente d'acheter à leur cours une partie de leurs titres et de les annuler.

Nous ne trouvons pas dans ce rachat des actions, comme dans le remboursement, une expropriation de l'associé, une expulsion de la Société. Celui qui vend son titre en bourse n'y est pas contraint. Il accepte pleinement la proposition de la Société, et peut-être même est-il très heureux de se débarrasser de son titre. La Société annule le titre et ainsi se trouve réduit son capital. L'assemblée générale extraordinaire pourra donc adopter une semblable mesure (1).

Indiquons en terminant qu'une vive controverse existe relativement à la légalité du rachat des actions.

§ III. **Répartition des Bénéfices.** — Le plus souvent les statuts s'expriment sur la façon dont seront distribués les

(1) Paris, 13 mars 1884 R. S. 84-359. V. Houpin J. S. 85-441. Wahl.

bénéfices ; il faut alors rechercher si la répartition statutaire est indiquée sous forme impérative, ou encore s'il y
a une clause contenant interdiction pour l'assemblée de
modifier cette répartition ; il est évident alors que l'unanimité des actionnaires sera indispensable pour toucher à
ces dispositions. Mais s'il apparaît que les statuts n'ont
indiqué tel mode de répartition que comme paraissant à
l'époque de la rédaction le plus avantageux, la simple
majorité pourra disposer des bénéfices au mieux des
intérêts de la Société.

L'assemblée peut-elle décider que les bénéfices au lieu
d'être distribués aux actionnaires seront prélevés en
totalité ou en partie pour être employés soit à reconstituer
le capital, soit à l'achat d'un immeuble pour le compte de
la Société, ou encore pour être versés dans la caisse d'une
réserve spéciale ?

Non, répondent certains auteurs (1), le mode de répartition des bénéfices ne peut être ainsi changé. Et pour justifier cette opinion ils invoquent l'intention des associés
qui ont eu en vue, en apportant leur mise à la Société,
le partage des bénéfices.

Cette théorie fort séduisante est cependant inacceptable,
parce qu'elle repose sur une erreur. Que le juste partage
des bénéfices ait été le principal but qu'aient eu en vue les
souscripteurs de la Société, cela est indiscutable ; mais là

(1) Houpin, n° 806. Lyon-Caen et Renault, 866. Hemar. S. 76. 2. 114. Vavasseur,
167. T. de Senlis, 8 fév. 1893. J. S. 94. 44. Seine, 21 nov. 92. J. S. 93. 128. V. Cas.
3 fév. 90. R. S. 90. p. 128. La jurisprudence est encore indécise sur la question. les
décisions qu'elle a rendues ont été guidées bien plus par des circonstances de faits que par
de vrais motifs juridiques.

n'est pas la question. Il s'agit de savoir si la majorité de l'assemblée peut décider que les bénéfices ne seront pas partagés pour être employés dans une opération qui profitera à la Société, c'est-à-dire à tous les associés. Il est évident que chaque actionnaire pris en particulier préférera toucher un dividende que de n'en point toucher du tout ; mais l'on doit se demander si lors de la discussion de la Société, chaque associé n'a pas, en apportant sa mise, l'intention de laisser à l'assemblée, qui parle au nom de la Société, être collectif, le soin de prendre telle décision qu'il appartiendra dans l'intérêt de la Société et notamment supprimer momentanément la distribution des bénéfices sociaux. Le droit intangible qu'a entendu se réserver l'actionnaire est de toucher une part proportionnellement égale à celle qui sera attribuée à son coassocié lors d'une répartition des bénéfices et rien de plus. Il a très certainement pu entrevoir, en entrant dans la Société, que des moments difficiles pouvaient advenir, et qu'il serait peut-être contraint un jour, pour laisser franchir à la Société cette passe dangereuse d'abandonner un terme ou deux de ses dividendes.

Remarquons au surplus qu'en vertu du principe d'égalité qui domine dans toute Société, le sacrifice dont une minorité infime pourra peut-être se plaindre, est supporté aussi par la majorité qui a pris la décision. L'intérêt de chacun des actionnaires composant cette majorité sera le plus sûr garant que la mesure prise l'a été pour de sérieux motifs et, qu'elle pourra donner de bons résultats.

Ainsi donc l'assemblée générale extraordinaire peut

donner aux bénéfices telle destination qu'il appartiendra dans l'intérêt de la Société, pourvu cependant que soit sauf le principe d'égalité entre les actionnaires (1).

Une limite s'impose, cependant ici, au droit de la majorité, c'est qu'elle ne pourrait décider que la portion des bénéfices non distribués servirait à majorer le taux des actions et à constituer ainsi indirectement une augmentation de capital. Pour justifier cette assertion, rappelons-nous que nous avons vu plus haut que l'assemblée ne pouvait imposer à un actionnaire d'augmenter son apport. Sans doute, en l'espèce, il n'a rien à retirer de sa caisse ; mais qui ne voit qu'il y a là une opération que l'on peut décomposer en deux périodes : encaissement d'un dividende d'abord, et versement d'une somme égale à ce dividende pour participer à l'augmentation du capital.

Il n'en serait plus ainsi et il faudrait autoriser le prélèvement des bénéfices qui aurait lieu pour constituer une réserve spéciale et non prévue dans les statuts, car cette réserve est loin de constituer une augmentation de capital, elle est peut-être créée dans le but de parer à de fortes dépenses qu'il faudra faire d'un seul coup, par exemple pour garantir certains risques qu'une loi nouvelle sur les accidents aura pu mettre à la charge de l'employeur. Cette réserve est donc loin de présenter les caractères propres du capital, la permanence et la fixité.

§ IV. **Déplacement du siège social**. — Pour des raisons imprévues, une Société peut avoir intérêt à

(1) Thaller, loc. cit. C. Grenoblé, 18 mai 1890. R. S. 90. 424.

déplacer son siège social, soit pour se trouver dans un centre d'affaires plus actif qui s'est créé, soit pour se rapprocher de l'endroit où se trouve son exploitation. L'assemblée générale pourra décider le déplacement du siège social, sans avoir recours à l'unanimité des actionnaires. Mais il faut, et il est à peine besoin de le dire, que cette décision soit prise sans fraude.

Le déplacement du siège social par lui-même ne porte pas atteinte aux droits essentiels des associés, et de ce qu'une Société aurait désormais son siège social à Lille au lieu de l'avoir à Paris, il ne s'en suivrait pas une transformation de la Société (1).

Il n'en serait plus de même, et l'assemblée extraordinaire ne pourrait plus décider à la simple majorité si le changement du siège social comportait pour la Société des conséquences graves, touchant par exemple à sa situation juridique. Il en serait notamment ainsi dans le cas où le siège social serait transporté dans un pays étranger. La Société étant désormais soumise aux lois du pays dans lequel elle est transférée, subirait de ce fait un changement profond, une sorte de *capitis diminutio*, et la chambre civile de la cour de cassation a fort bien jugé en annulant une décision d'une assemblée générale extraordinaire qui transportait en Belgique le siège social d'une Société française. Il y avait là, véritablement, une entreprise nouvelle, et pour que la décision de l'assemblée

(1) Thaller, D.P., 95, 1, 57, 93, 1, 105, contra T. Co. de Marseille, 20 sept. 86.R.S., 87, p. 138. Lyon-Caen et Renault, 866. Vavasseur. n° 167.

eût été valable il aurait fallu qu'elle eût été prise à l'unanimité.

Dans certaines Sociétés les statuts autorisent le conseil d'administration à décider le changement du siège social, nous pensons que cette clause est illégale, car elle constitue une modification aux statuts qui ne peut être décidée que par une assemblée. Tout au plus pourrait-on admettre que le conseil d'administration peut déplacer le siège social dans les limites d'une même ville.

§ V. **Durée de la Société.** — L'assemblée générale extraordinaire peut-elle dissoudre la Société avant que ne soit arrivé le terme fixé par les statuts ? Ou bien en sens inverse peut-elle proroger au-delà de ce terme la durée de la Société ? Les principes que nous avons établis en étudiant l'article 31 et les pouvoirs généraux des assemblées extraordinaires nous permettront de solutionner plus rapidement ces questions. Et, en effet, si on admet comme nous l'avons fait que l'article 31, fixant les conditions de majorité des assemblées extraordinaires n'est pas subordonné à une clause des statuts, qui permette les modifications, il n'y a aucune difficulté à reconnaître à l'assemblée générale le droit de modifier la durée de la Société, surtout en présence de la disposition de l'article 31 qui cite particulièrement la dissolution et la prorogation de la Société. Certains auteurs (1) ont cependant soutenu

(1) Houpin 799. Vavasseur 167. Houpin J. S. 80-544. Paris. 30 juillet 91. P. F. 92-2-220. Lyon-Caen et Renault 866 admet une distinction, il refuse à l'assemblée le droit de proroger la Société, tout en lui accordant celui de la dissoudre par anticipation. Cas. 22 nov. 95. D. 98-1-106 qui déclare que le droit qui appartient à l'assemblée générale pour dissoudre la Société, est limitée par l'art. 37 de la loi de 1867 en cas de perte des 3|4 du capital. V. note.

que l'assemblée générale extraordinaire ne pouvait modifier la durée de la Société, arguant que cela conduirait à
retenir dans les liens sociaux des associés qui n'ont
entendu y rester que pendant le temps fixé par les statuts.

Raisonner ainsi c'est vraiment se soucier beaucoup des
statuts, mais c'est oublier qu'au-dessus des statuts il y a
une loi qui régit les Sociétés et que dans cette loi il y a
un article qui autorise les assemblées à modifier la durée
des Sociétés, en ayant le soin d'en indiquer les conditions.
L'actionnaire qui n'est pas satisfait de la décision prise
n'a qu'à se débarrasser de son titre.

Des causes très légitimes peuvent exiger qu'une Société
prenne fin avant d'arriver au terme assigné pour sa durée,
pour parer, par exemple, à des pertes qui ne feraient que
s'accroître si la Société continuait à fonctionner, de même
que des circonstances graves peuvent rendre indispensable
la prorogation de la Société, pour permettre la réalisation
d'un bénéfice acquis mais non encore liquidé à l'époque
fixée pour la fin des opérations sociales. Et l'on ne peut
admettre que la résistance d'un seul actionnaire puisse
ou bien amener la ruine définitive en refusant de voter la
dissolution, ou bien empêcher la réalisation de bénéfices
peut-être considérables qu'on pourrait recueillir si la
Société était prorogée. Quelques décisions ont été rendues
en ce sens et il est presque certain qu'en l'état de ses
récents arrêts la Cour de cassation adopte une solution
semblable à celle que nous venons d'indiquer (1), qui ne

_____

(1) Cas. 20 juil. 97. D. P. 98-1-241. mais dans l'espèce jugée les statuts contenaient
une clause sur la dissol.

sera, en somme, que la conséquence logique des pouvoirs étendus qu'elle accorde aux assemblées générales.

Etant bien établi que l'assemblée générale a le pouvoir de proroger ou de dissoudre la Société, nous devons nous poser une question qui se lie intimement à celle que nous venons de résoudre et qui a été fort discutée. Quelle sera au juste à l'égard des actionnaires, ou des associés en général la force obligatoire de la décision de l'assemblée ?

Et particulièrement dans le cas où une assemblée générale réunie et régulièrement constituée s'est prononcée pour la continuation de la Société, nonobstant la perte des trois quarts du capital social, les intéressés peuvent-ils s'adresser aux tribunaux pour protester contre cette décision ?

L'article 37 de la loi de 1867 a considéré la perte des trois quart du capital (dans une Société anonyme) comme étant une cause suffisamment grave pour motiver la dissolution. Il enjoint aux administrateurs, dans le cas qu'il prévoit, de convoquer aussitôt une assemblée générale de tous les actionnaires, et à défaut par les administrateurs de ce faire et encore au cas où l'assemblée n'aurait pas pu se réunir régulièrement il autorise tout intéressé à demander la dissolution de la Société devant les Tribunaux.

Nous supposons donc qu'une Société anonyme a perdu les trois quarts de son capital, et qu'une assemblée générale extraordinaire examinant la situation a repoussé la dissolution. La décision ainsi prise s'imposera-t-elle à la minorité ?

Nous estimons qu'une assemblée générale régulièrement constituée statue souverainement sur la continuation ou la dissolution de la Société. Et quand elle s'est
prononcée, des actionnaires ne peuvent, ne tenant aucun
compte de la volonté sociale formellement exprimée, soulever un nouveau débat sur une question qui est entièrement vidée.

Cette opinion n'est pas admise unanimement par tous
les auteurs (1). Ils invoquent principalement l'article 1871
du Code civil qui permet aux Tribunaux d'apprécier la
demande en dissolution d'une Société, faite par un
associé pour de justes motifs, ils déclarent que cet article;
qui ne fait que confirmer le droit commun, à savoir le
recours de tout intéressé devant les Tribunaux, loin de
recevoir une atteinte de la part de l'article 37 de la loi de
1867 est en quelque sorte consacré par lui, en même
temps que cet article apporte un moyen plus 'facile aux
associées pour arriver à la dissolution en cas de perte des
trois quarts. Cette théorie qui a été soutenue avec beaucoup de talent par M. l'avocat général Desjardins, mais
qui est inexacte, n'a pas été consacrée par la Cour de
cassation (2).Et, en effet,s'il n'y a aucune difficulté à appliquer l'article 1871 aux Sociétés civiles, c'est que dans ces
Sociétés on ne retrouve pas une assemblée délibérante,
qui représente la volonté de la Société, être collectif, et

(1) Pont 1919,Av. G. Desjardins sous cas J. S. 94,209.sic Req.8 mars 1882.D. P.83, 1,81.

(2) Cas 29 janv. 94. J. S. 94, 209. et D. P. 94, 1,313. V. note de M. Lacour. Vavasseur, 915. Paris, 8 août 1895. R. S. 95. P. 617. Paris, 24 juil. 1895. R. S. 96.
P. 60.

l'on comprend que dans ces Sociétés les désaccords entre associés puissent et doivent être réglés par les Tribunaux.

Mais dans les Sociétés par actions, il n'en est plus de même, nous nous trouvons en présence d'un être social qu existe en dehors de chaque associé, qui a une volonté et qui peut l'imposer à ceux qui refuseraient de s'y conformer. Notre article 37 déroge donc à l'article 1871 du Code civil, en restreignant l'action individuelle au profit des représentants légaux de la Société, et ce n'est qu'au cas d'inaction de leur part que revit l'initiative personnelle jusque-là suspendue.

Avant de terminer ce paragraphe il serait peut-être intéressant de nous demander si les porteurs de parts de fondateurs, qui n'assistent pas aux assemblées, comme nous le savons, ne seraient pas en droit de critiquer une décision qui dissoudrait la Société dont ils font partie, ou bien réduirait simplement le tantième qui leur est accordé sur les bénéfices.

Cette question a soulevé de vives discussions dans lesquelles nous ne pourrions entrer, sans sortir du cadre que nous nous sommes tracé ; qu'il nous suffise d'indiquer que l'on s'accorde en général à admettre les porteurs de parts à critiquer les décisions qui leur causent un préjudice (1). Mais si une assemblée régulièrement tenue a prononcé la dissolution de la Société, ils ne pourront obtenir la reconstitution de la Société en faisant annuler la

---

(1) Paris 16 fév. 85-et 14 janv. 86 J.-S. 86-566. Cas. 29 fév. 88-J.-S. 89-5. Cas. 4 juil. 93 R.-S. 93-431-PF 95-1-46.

délibération, alors même que cette délibération prise en fraude de leurs droits aurait été suivie aussitôt d'une reconstitution de la Société sous une autre dénomination ; ils obtiendront seulement des dommages-intérêts, qui seront calculés de façon à leur assurer une compensation suffisante de la portion des bénéfices dont ils sont dépouillés.

Si la décision de l'assemblée n'avait fait que réduire le tantième des bénéfices qui leur était accordé, et cela sans de sérieuses raisons, ils pourraient obtenir des Tribunaux l'intégralité de la part qui devait leur revenir, en faisant régulariser les comptes adoptés par l'assemblée, s'ils ont été établis contrairement aux clauses des statuts. (1)

§ VI.—**Fusion.**—**Annexion.**—**Alliance des Sociétés.**— Deux ou plusieurs Sociétés similaires peuvent se faire une concurrence désastreuse ; en s'unissant cet état de chose cessera pour faire place à des bénéfices considérables ? Deux ou plusieurs entreprises qui se revendent des matières qu'elles traitent successivement peuvent avoir intérêt à s'unir pour unifier, simplifier leurs travaux et diminuer par ce fait les frais généraux. Comment ces Sociétés vont-elles procéder pour s'unir ? Et quelles sont les conditions qu'elles devront remplir pour arriver à ce résultat ?

L'union des Sociétés est un contrat qui pour n'être prévu dans aucun texte (2) soit du Code de Commerce, soit des

(1) Seine 21 nov. 92 J S.93-128. Seine 16 jan. 90-R S. 90-261 Houpin J. S. 93-129.

(2) Certains codes etrangers s'occupent de la fusion comme mode de dissolution des Sociétés. C. italien. art. 189-7º. C. portugais, art. 120. Il est fort regrettable que le Code rançais soit muet sur ce contrat qui est pourtant assez fréquent. P.I..M.

lois spéciales n'en est pas moins licite. Une convention qui n'est pas expressément défendue par la loi sans être, par contre, formellement prévue, est légalement formée quand les parties en cause sont toutes capables et lorsque l'acte qui les lie est revêtu des formalités prescrites par la loi.

Les Sociétés ont à leur disposition plusieurs modes d'union.

Une des deux Sociétés peut disparaître pour être absorbée par une autre, il y a alors ce qu'on appelle en langage juridique, annexion. Cette opération suppose la dissolution d'une Société et l'extension d'une autre.

Deux Sociétés peuvent disparaître l'une et l'autre et n'en former plus qu'une, c'est la fusion qui entraîne constitution d'une Société nouvelle.

Enfin, les deux Sociétés gardant chacune leur individualité propre unissent leurs efforts et leurs travaux, c'est l'alliance.

Pour opérer l'union des Sociétés, une assemblée générale des actionnaires de chacune d'elles aura à délibérer sur l'opportunité et l'admissibilité de cette mesure. Mais pourra-t-elle prendre librement toute décision ?

Si les statuts se sont exprimés sur la question, pas de difficultés, il faut s'y reporter et suivre leurs prescriptions, mais s'ils sont muets ?

Nous reconnaissons volontiers que la question est grave, mais on ne peut la résoudre d'un seul coup. Il est de toute nécessité d'examiner successivement chacun des modes d'union dont nous avons parlé.

Avant de décider l'union, l'assemblée extraordinaire de

chacune des Sociétés en présence délibère à part et donne pouvoir soit au conseil d'administration, soit à des mandataires spéciaux pour traiter avec les représentants de l'autre Société. Ou bien encore les administrateurs de chaque Société élaborent un projet de traité et le soumettent à l'assemblée.

Le traité qui interviendra n'est lui-même assujetti à aucune forme spéciale, il peut être aussi bien passé par acte notarié que par acte sous-seing privé.

1° **Annexion.** — L'union s'accomplit dans le sein de l'une des Sociétés qui subsiste, l'autre s'y annexe, s'y absorbe, en se dissolvant, disparaissant. Il est bien évident que la situation n'est pas du tout la même pour l'une et pour l'autre des Sociétés.

Dans la Société qui disparaît nous estimons que l'assemblée générale n'a pas pouvoir de décider à la simple majorité l'annexion. Ce n'est pas que la dissolution, qui est la conséquence de ce vote, ne puisse être imposée à la minorité ; nous avons vu plus haut qu'une Société pouvait être dissoute par la décision d'une assemblée extraordinaire. C'est que la majorité ne peut absolument pas imposer à la minorité de nouvelles obligations, de nouveaux risques, en un mot une situation nouvelle non prévue dans les statuts.

L'assemblée générale ne pourra donc pas prononcer l'annexion de la Société qu'elle représente à une autre Société. Si, cependant, l'annexion avait été décidée tout de même, serait-elle nulle ? On serait tenté de répondre non, en décomposant l'opération en deux phases. D'une part, la dissolution qui peut être décidée sans avoir recours à l'unanimité et qui, par conséquent, peut être imposée à la minorité à qui on remboursera les actions. D'autre part, fusion opérée seulement entre les actionnaires qui y ont adhéré.

Mais il est aisé de voir que cette solution, en apparence conforme aux principes que nous avons examinés, leur est cependant contraire, en ce sens que la majorité ne peut pas imposer le remboursement de son capital à la minorité pour l'expulser de la Société. Car, en somme, elle reste et bénéficie des avantages de la Société après avoir dépouillé, exproprié la minorité.

Il n'en est plus ainsi dans la Société annexante. Le vote de son assemblée générale décidant l'annexion, se résume en un vote d'extension, et cela est suffisant pour nous montrer qu'il n'y a là qu'une modification aux statuts, que l'assemblée peut prendre à la majorité. Quelles seront les limites qu'il faudra assigner aux pouvoirs de cette assemblée ? Elles varieront avec les circonstances de faits qui pourront se présenter, et il faudra les fixer en se servant des principes que nous avons établis jusqu'ici. L'annexion pourra entraîner soit un changement dans l'administration de la Société, soit une répartition différente des bénéfices, soit une prolongation de la Société, toutes ces difficultés nous les avons déjà examinées en particulier et solutionnées.

Les conséquences de l'annexion se réduisent en somme

pour la Société survivante à un simple accroissement sans
· qu'il y ait Société nouvelle.

Il n'y a donc pas lieu, comme on a essayé de le faire,
d'assimiler l'annexion à la constitution d'une Société
nouvelle et d'appliquer l'article 4 et suivant de la loi du
24 juillet 1867. Mais si la raison qu'il n'y a pas Société
nouvelle ne suffisait pas, et que les assemblées constitutives soient réunies, elles ne sauraient avoir aucune
utilité puisqu'il leur serait impossible de procéder à aucune
vérification, étant donné que nous savons que cette vérification ne peut être faite que par des souscripteurs en
numéraires et, qu'en l'espèce, il n'y en a pas. Les actionnaires des deux Sociétés devant tous être considérés
comme apporteurs. Au reste, la question importe peu, ce
ne sera certainement qu'à bon escient que les assemblées
de chaque Société qui s'unissent auront acquiescé à la
combinaison.

2º **Fusion.** — Les deux Sociétés qui s'unissent sont
toutes deux dissoutes, disparaissent pour donner naissance
à une nouvelle Société. L'assemblée générale des actionnaires ne pourra prononcer cette fusion qu'autant que les
statuts l'y autorisent, ou que la décision soit prise à
l'unanimité, même solution et pour les mêmes motifs que
celle donnée pour la Société qui disparaît dans une
annexion.

Dans la fusion, il y a bien une Société nouvelle ; nulle
survivance de l'une des anciennes Sociétés, qui puisse
justifier une prééminence quelconque de cette Société sur

les autres. De nouveaux statuts seront rédigés, qui ne seront que la combinaison, l'amalgame de ceux des Sociétés disparues ou fusionnées. Mais comment sera constituée la nouvelle Société ? Faudra-t-il, comme l'exige l'article 4 de la loi de 1867, réunir deux assemblées générales constitutives ? Vérifier les apports ? Non, car en premier lieu nous ne nous trouvons pas ici en présence de véritables apports puisque en somme, il n'y a ici que la mise en commun par deux Sociétés de leur avoir. Et en deuxième lieu en supposant qu'il y eût, dans la convention intervenue, de véritables apports sociaux, il y aurait bien lieu d'appliquer l'article 4, mais dans sa partie finale, qui déclare que les dispositions de cet article ne sont pas applicables au cas où la Société à laquelle est fait ledit apport est formée entre ceux, seulement, qui en étaient propriétaires par indivis.

Au surplus, ces assemblées constitutives sont parfaitement inutiles. La fusion de deux Sociétés revêt les formes d'un contrat ordinaire passé entre deux individus quelconques. Chacune des deux Sociétés intervient au contrat parce qu'elle l'a bien voulu, et cette volonté a été exprimée par l'assemblée des actionnaires. Les livres des Sociétés qui fusionnent auront été vérifiés réciproquement avec beaucoup d'attention, on aura dressé des bilans pour fixer l'exacte valeur du capital, et partant des actions. Tout cela a certainement été fait avant le contrat de fusion et logiquement on ne peut pas supposer un moment plus opportun pour ce travail.

Pourquoi donc alors imposer aux actionnaires de se

réunir encore deux fois pour déclarer solennellement, et il faut bien le dire pour la forme, que telle est bien leur volonté et qu'ils ne se sont pas trompés une première fois (1).

Remarquons en terminant que les autres mesures réclamées par la loi aux Sociétés lors de leur constitution, aussi bien qu'à celles qui ne subissent que des modifications, notamment la publication des statuts nouveaux, devront être prises au cas de fusion entre deux Sociétés. Une assemblée générale devra être réunie pour nommer le nouveau personnel administratif, à moins qu'il n'y ait été pourvu dans les accords intervenus entre les deux Sociétés. Tous les actionnaires devront être convoqués à cette assemblée.

3º **Alliance.** — Ni l'une ni l'autre des deux Sociétés n'est dissoute. Deux Sociétés distinctes se réunissent simplement pour vivre ensemble avec un centre commun d'intérêts, soit pour enrayer la concurrence que les Sociétés se font entre elles, soit pour diminuer leurs frais généraux, en mettant en commun quelques-uns de leurs moyens d'action.

Ce mode (2) d'union est très légitime et se conçoit d'autant mieux que de nos jours il est devenu plus fréquent. Nous pourrions citer l'exemple d'usines de produits

(1) La Cour de cassation a décidé dans ce cas que toutes les formalités prévues pour la onstitution d'une Société ne sont pas exigées s'il n'y a pas eu appel de capitaux. Cas., 26 av. 1880. J. S. 80, 286. Paris, 20 mars 1891. J. S. 92, 78. 14 janv. 91. J. S. 91. Vavasseur, 416, 437 à 439. Contra Lyon-Caen et Renault S. 77. 2, 1.

(2) Vavasseur 444 n'admet pas ce mode. Contre R. D. S. 1187.

céramiques qui, tout en gardant leur indépendance pour la fabrication, se sont associées pour la vente de leurs produits.

Il faut avouer cependant que le pacte, qui interviendra entre les Sociétés peut revêtir les formes les plus diverses et qu'il est difficile de déclarer à priori, si l'assemblée générale des actionnaires peut prendre à la simple majorité une semblable décision. Tout dépend de la question de savoir, si oui ou non le but fondamental de la Société a été atteint et les droits des actionnaires respectés. Nous n'insisterons pas sur ce mode d'union, la volonté des contractants pourra, dans les limites que nous connaissons, élaborer telle convention qu'il leur plaira.

§ VII. **Changement à l'objet de la Société. — Extension.** — Il est à peu près inutile d'insister pour démontrer que l'objet même d'une Société ne pourra être modifié sans l'assentiment unanime de tous les actionnaires. Une clause des statuts autorisant l'assemblée générale à apporter à la Société toute modification dont la nécessité aurait été démontrée par l'expérience, ne suffirait même pas pour habiliter la simple majorité de l'assemblée à prendre pareille décision.

L'assemblée ne pourrait donc autoriser une exploitation différente, ou créer une nouvelle entreprise à côté de l'ancienne (1).

Mais il n'en serait plus de même et l'assemblée pourrait,

_____

(1) Lyon-Caen et Renault 866. Houpin J. S. 80-544. Traité 798. Thaller D. 93-1-105, M. Bouvier-Bangillon p. 124. Seine 2 janv, 86. R. S. 86-173. 2 août 87. R.S. 90-53. Paris, 29 déc. 1897. Pand. 98-2-123.

à la simple majorité des membres présents, autoriser
l'extension des opérations sociales. Toute entreprise, qui
prospère, ne peut demeurer restreinte dans le champ
réduit qu'ont pu lui tracer les statuts primitifs. Les agran-
dissements ne seront après tout que la consécration de la
bonne marche des affaires et l'assurance pour l'avenir d'un
bénéfice nouveau. Une Société de mines, qui a d'excellents
débouchés et qui ne peut suffire aux commandes avec les
puits qu'elle possédait au début de son existence, est intéressée à étendre son activité sur de nouveaux terrains
houillers. On pourrait bien citer contre cette dernière
opinion un arrêt de cassation du 26 novembre 1894 (1)
décidant qu'une Société minière n'avait pas le droit
d'étendre une exploitation à d'autres charbonnages que
ceux qui étaient délimités, au début, à la simple majorité
des actionnaires. Mais il est bon de remarquer que cet
arrêt qui cassait un arrêt de la Cour de Douai avait ainsi
décidé surtout en considération des conséquences qu'en-
traînait l'extension de la Société.

On comprend combien peut être délicate à déterminer
la ligne de démarcation entre la décision portant sur
l'objet même de la Société, qui est interdite à la majorité
de l'assemblée, et la simple extension des opérations
sociales pour laquelle cette même majorité est compétente.

Les Tribunaux ont eu bien souvent l'occasion d'intervenir dans de semblables questions. Jusqu'à présent la jurisprudence a montré une tendance à circonscrire étroite-

(1) D. P. 55-1-57.

ment les extensions que les assemblées pourraient décider. L'exemple le plus caractéristique de cette sévérité de la jurisprudence se trouve dans divers arrêts ou jugements (1) qui ont décidé qu'en l'absence d'une clause expresse des statuts, l'assemblée genérale délibérant à la simple majorité ne peut adjoindre, à une Société fournissant l'éclairage par le gaz à une ville, l'éclairage à l'électricité.

Il faut croire que des circonstances de fait ont pu influencer les magistrats qui ont pris ces décisions, car on serait disposé à admettre une solution opposée. Il semble bien que l'objet immédiat de la Société n'était pas de fabriquer uniquement du gaz d'éclairage, mais bien d'éclairer une ville, et c'était, du reste, dans ce dernier but que les contrats avec la ville avaient été passés. Au moment où la Société s'était créée on ne connaissait pas encore l'éclairage électrique, il est donc inutile de justifier les statuts de n'avoir rien dit. Mais, par la suite, cet éclairage nouveau vient à se répandre. La Compagnie du gaz pouvant, au moyen d'un léger sacrifice, s'outiller pour satisfaire aux nouvelles demandes qu'elle reçoit, conserver sa clientèle qui ne lui réclame, en somme, que de la lumière dans les meilleures conditions, on ne peut vraiment dire qu'il y ait atteinte portée à l'objet de la Société. Il y a tout au plus extension intelligente et opportune, qui sauvera peut-être de la ruine une Société produisant un éclairage qui a fait son temps.

(1) T. civ. de St-Amand 28 oct. 91. J. S. 92-102. Cour Bourges, 6 av. 92 D. P. 93-2-347 Cas. 5 avril 1892. J. S. 92-319. V. Seine. 25 juin 1891. J. S. 91-498.

§ VIII. **Transformation de la Société en un type juridique d'un autre caractère.**—La transformation d'une Société en un type juridique différent est en général considérée comme portant atteinte aux droits essentiels des actionnaires. Elle ne peut être décidée dans le silence des statuts que par l'unanimité des actionnaires (1). Une semblable modification entraîne en quelque sorte dissolution de la Société ancienne et constitution d'une Société nouvelle.

Remarquons bien que la loi a voulu classer les Sociétés en différents groupes, qui ont chacun des caractères propres et un organisme particulier, et qu'une Société ne peut passer d'un groupe dans un autre, sans subir autre chose qu'une simple modification, ce qui est changé c'est tout l'organisme de la Société, et l'on conçoit que le concours de tous les intéressés soit exigé pour opérer un tel changement.

Une Société, de civile qu'elle était au début de ses opérations, peut vouloir devenir commerciale. Avant la loi de 1895 le critérium de la commercialité des Sociétés était celui qu'on appliquait aux individus. Avant donc la loi de 1893, une Société ne devenait commerciale qu'autant qu'elle se mettait à faire des actes de commerce, s'adjoignait une exploitation ayant un caractère commercial. Cette première façon de devenir commerciale pour une Société ne nous arrêtera pas longtemps. Sur la possibilité de l'employer nous n'aurons qu'un mot à dire, c'est qu'ou

(1) Aix, 14 juin 79, J. S. 80 203 note. Lyon-Caen et Renault, 1029 (bis). Amiens, 6 août 1885, R. T. 86 206. Cas. 28 juil. 90. D. P. 91 - 1 - 54. Houpin 459. Thaller.

bien les nouveaux agissements qui font devenir commerciale la Société ne sont que le résultat d'une simple extension et alors il faudra autoriser cette modification, ou bien ces agissements viennent d'une modification aux statuts sociaux, et alors il y aura bien des chances pour qu'ils ne soient pas admis. Il n'est guère possible de préciser d'une façon plus nette le critérium à adopter ici, on comprend que tout dépend des circonstances de faits qui peuvent être multiples.

Mais une Société civile peut devenir commerciale, depuis 1893, en appliquant l'article 7 de la loi du 1er août de cette année. Cet article 7 dispose *in fine* : « Les Sociétés civiles, actuellement constituées sous d'autres formes, pourront, si leurs statuts ne s'y opposent pas, se transformer en Société en commandite ou en Société anonyme par décision d'une assemblée générale spécialement convoquée et réunissant les conditions tant de l'acte social que de l'article 31 ci-dessus ».

Cet article, bien évidemment, ne se préoccupe que des Sociétés civiles à formes innommées, principalement des houillères du Nord. Cela résulte des travaux préparatoires et du reste du texte seul qui est suffisamment clair par lui-même, où il est question de Sociétés qui veulent devenir ou anonyme ou en commandite ; donc de Sociétés qui ne le sont pas. A vrai dire les dispositions de l'article 7 que nous venons de transcrire ne nous fournissent que des notions assez restreintes sur la question que nous avons à solutionner, à savoir : Si les Sociétés anonymes et en commandite, antérieures à la loi de 1893, et auxquelles par conséquent on ne peut appliquer la disposition de l'article 68 nouveau, peuvent déclarer que désormais elles entendent être commerciales aux mêmes titres que les Sociétés fondées après la loi de 1893 ?

Quelques brèves considérations démontreront aisément que l'affirmative s'impose ici. Et d'abord ne semblerait-il pas extraordinaire que le législateur donnât à des Sociétés pour lesquelles la loi qu'il rédige n'est pas faite, la possibilité de s'assimiler aux Sociétés qui le préoccupent (art. 7 *in fine*),de devenir commerciale,alors qu'il refuserait cette possibilité aux Sociétés qui sont les plus nombreuses et auxquelles il paraît avoir consacré sa loi.

Que la loi n'ait pas voulu, par respect pour le principe de la non-rétroactivité, que les Sociétés anonymes et en commandite qui avaient un objet civil ne fussent pas soumises obligatoirement à la loi commerciale ; rien de plus exact. Mais elle a certainement laissé la faculté aux Sociétés civiles sous la forme de la commandite par actions ou de l'anonymat, de devenir commerciales si elles le veulent (1). C'est ce qui résulte clairement des paroles que prononçait M. Thévenet au Sénat : « Les Sociétés existantes ne seront régies que si elles le désirent par la loi nouvelle ». Donc,si elles le désirent,et c'est l'assemblée générale des actionnaires qui prononcera ce désir, elles pourront être soumises aux lois commerciales.

Quelles conditions devra remplir l'assemblée d'une So-

_____

(1) M. Bouvier Bangillon, 34. Houpin n° 470. Thaller, Annales de D., co, 94, 2 P. 129,

ciété civile (anonyme ou commandite) qui veut devenir commerciale ?

Pour les Sociétés anonymes pas de difficulté, la commercialisation étant une modification aux statuts, c'est, l'article 31 de la loi de 1867 qui devra s'appliquer. Mais la solution de la question n'est pas aussi simple pour les Sociétés en commandite. Un auteur (1) soutient que pour ces Sociétés encore on devra appliquer l'article 31, que cela résulte du texte formel de l'article 7 de la loi de 1893 qui exige que la délibération décidant la transformation réunisse les conditions tant de l'acte social que de l'article 31. Soutenir une pareille opinion, c'est faire dire à l'article 7 plus qu'il ne dit en réalité. Cet article ne s'applique absolument pas aux Sociétés civiles (anonymes ou en commandite), cela n'est pas contesté, et l'auteur cité le reconnaît lui-même, lorsqu'il se demande si les Sociétés civiles en question peuvent se commercialiser.

« Transporter (2) l'article 31 aux Sociétés en commandite par actions, dit M. Bouvier–Bangillon, serait innover et pour une pareille innovation il faudrait que le législateur manifestât sa volonté d'une façon nette ». Nous savons qu'il ne l'a pas fait.

« Dans l'hypothèse prévue par notre disposition transitoire (article 7, loi de 1893), il s'agit d'une Société à formes innommées, le législateur en visant l'article 31 ne rompt pas avec une situation légale précédente. D'autre part, il n'est pas seulement question de donner à la Société

(1) Houpin, n° 471.
(2) M. Bouvier-Bangillon, p. 35.

la qualité de Société commerciale, mais encore une forme nouvelle. »

La Société civile constituée sous la forme en commandite qui veut se commercialer ne sera donc pas soumise à l'article 31 de la loi de 1867.

Nous voici donc arrivés à la fin de ce travail, nous pensons qu'il donnera une idée suffisante de ce qu'est l'assemblée des actionnaires et de ce qu'elle peut faire. Certes, bien des questions de détail ont été passées sous silence, nous ne pouvions cependant pas les étudier, sans élargir trop considérablement notre sujet ; il sera, du reste, facile de les solutionner à l'aide des principes que nous avons posés.

Aix, le 11 février 1899.

Le Président de la thèse,
A. BOUVIER–BANGILLON.

Vu :
Le Doyen,
G. BRY.

Vu et permis d'imprimer :
Aix, le 11 février 1899.
Le Recteur,
BELIN

TABLE DES MATIÈRES

———

14

BIBLIOTHÈQUE NATIONALE R F IMPRIMÉS

ERRATA

Marseille.— Imp. Samat et Cⁱᵉ, 15, Quoi du Canal.

www.ingramcontent.com/pod-product-compliance
Lightning Source LLC
Chambersburg PA
CBHW070501200326
41519CB00013B/2674